Christian Göbel

Analyse und Vergleich von IT Client Architekturen als Entscheidungshilfe

GRIN Verlag

Bibliografische Information der Deutschen Nationalbibliothek:

Die Deutsche Bibliothek verzeichnet diese Publikation in der Deutschen National-
bibliografie; detaillierte bibliografische Daten sind im Internet über http://dnb.d-
nb.de/ abrufbar.

Impressum:

Copyright © 2013 GRIN Verlag GmbH
Druck und Bindung: Books on Demand GmbH, Norderstedt Germany
ISBN: 978-3-656-59453-6

Dieses Buch bei GRIN:

http://www.grin.com/de/e-book/269031/analyse-und-vergleich-von-it-client-archi-
tekturen-als-entscheidungshilfe

Inhaltsverzeichnis

Abbildungsverzeichnis

Tabellenverzeichnis

Abstract (deutsch)

Diese Bachelor Thesis soll Entscheidungsträgern eine Hilfe bei der Auswahl der besten IT Client Architektur für ihr Unternehmen bieten. In diesem Zusammenhang vergleicht die Arbeit die Vorteile und Nachteile verschiedener IT Client Architekturen. Der Fokus liegt dabei in der Möglichkeit eigene IT Geräte für die Arbeit zu verwenden, den Einsatz einer Thin Client Architektur und der klassischen Architektur mit Unternehmensgeräten. Zu diesem Zweck hilft eine Literaturrecherche, um für die ausgewählten Technologien die entsprechenden Merkmale identifizieren zu können. Zur Darstellung der Ergebnisse wird ein dreidimensionaler morphologischer Kasten verwendet. Der morphologische Kasten enthält die wichtigsten Entscheidungskriterien. Diese Hauptmerkmale sind das bestehende Sicherheitsbedürfnis, die Personalstruktur und die Größe eines Unternehmens. Durch die Auswahl zutreffender Kriterien erhält ein Entscheidungsträger eine individuelle Handlungsempfehlung für sein Unternehmen.

Abstract (englisch)

This bachelor thesis should be a help for decision makers to choose the best IT client architecture for their companies. In this regard the thesis compares the advantages and disadvantages of different IT client architectures. The focus is thereby put on the possibility to bring your own IT device to work, the usage of a thin client architecture and a classic architecture with company-owned devices. For this purpose a literature review helps to identify the corresponding characteristics for the selected technologies. To present the results a three-dimensional morphological box is used. The morphological box contains the most important decision criteria. The key features are the existing need for security, the personnel structure and the enterprise size. Through the selection of the appropriate criteria a decision maker will get an individual recommendation for his company.

1 Einleitung

Wie sieht der IT Arbeitsplatz der Zukunft aus? Mit dieser Frage beschäftigen sich zahlreiche Experten der IT Branche. Besonders der aktuelle Trend, private IT-Endgeräte für den dienstlichen Gebrauch im Unternehmen zuzulassen, wird in diesem Zusammenhang kontrovers diskutiert. Laut einer Studie des IT-Dienstleisters Accenture vom Oktober 2011 setzen bereits 67 Prozent der Angestellten in Deutschland private IT-Geräte für dienstliche Zwecke ein. Rund 18 Prozent der Befragten setzen sich hierbei sogar über die geltenden IT-Richtlinien ihrer Unternehmen hinweg und nutzen ihre privaten Geräte trotz eines Verbotes.[1] Dies geht sogar so weit, dass einige Bewerber die Möglichkeit der Nutzung des privaten Gerätes voraussetzen und als Bedingung für ein mögliches Beschäftigungsverhältnis ansehen.[2] Auch die Accenture-Studie belegt, dass jedem fünften Befragten die neueste Technik am Arbeitsplatz wichtig erscheint und ein Kriterium bei der Arbeitgeberwahl darstellt.[3] Doch es gibt noch weitere Vorteile, die der aktuelle Trend laut Expertenmeinungen mit sich bringt. Private IT-Geräte sind oft leistungsfähiger und attraktiver für die Mitarbeiter. Viele Endgeräte werden heute oft zuerst für den privaten Gebrauch entwickelt und innoviert, anstatt diese für den professionellen Markt bereitzustellen.[4] Hinzu kommt noch, dass bei dem angesprochenen Trend die Effizienz der Mitarbeiter steigen und ein Kostenvorteil beim Support der Geräte entstehen soll. Den Besitzern wird bei dieser These eine gewisse Kenntnis über das eigene Gerät unterstellt, da die Einrichtung im privaten Gebrauch meist durch den Nutzer selbst erfolgt.[5] Laut dem US Marktforschungsinstitut Gartner könnten mit solch einem Modell sogar bis zu 40 Prozent der operativen IT Supportkosten in einem Unternehmen eingespart werden.[6] Diese und noch weitere Vorteile deuten darauf hin, dass der dienstliche Einsatz privater Endgeräte ein zukünftiges IT Clientmodell einiger Unternehmen darstellen könnte. Auch Mark Diamond, CIO Business Services der Royal Bank of Scotland, ist der Meinung, dass der breite Einsatz solch eines Modells durchaus sinnvoll ist und im Grunde unumgänglich sein wird.[7] Doch die Experten sind hier geteilter Meinung. Als größtes Hindernis für den aufkommenden Trend sieht Gartner Research versteckte Sup-

---

[1] Derksen, 2012, S. 1
[2] Wendel, 2012, S. 67
[3] Derksen, 2012, S. 1
[4] Wendel, 2012, S. 68
[5] Simone und Michel, 2011, S. 1-2f.
[6] Fiering, 2010, S. 6
[7] Brewster, 2011, S. 2

portkosten, Sicherheitsrisiken und das anhaltende Vertrauen vieler Konzerne in ihre klassischen IT Client Architekturen.[8] Für die erfolgreiche Implementierung solch eines Modells müssen zahlreiche Dinge beachtet und behandelt werden. Neben evtl. Zusatzkosten für mögliche Virtualisierungstechniken müssen auch zahlreiche rechtliche Fragen geklärt werden. Hinzu kommen revisionssichere Archivierungskonzepte und klare Regelungen bzw. IT-Richtlinien, die den Umgang mit solch einem Modell regeln müssen.[9] Des Weiteren widerlegen andere Studien den angeblichen Vorteil solch eines Modells bei der Mitarbeiterrekrutierung. Laut einer Befragung des IT-Analyse Unternehmens Freeform Dynamics glauben weniger als 10 Prozent der befragten Personen, dass die Erlaubnis, private Geräte dienstlich verwenden zu dürfen, einen positiven Effekt auf die Rekrutierung neuer Mitarbeiter haben wird.[10] Eine durch IDC durchgeführte Studie in Australien und Neuseeland zeigt indes sogar, dass nur ein Fünftel der befragten Personen tatsächlich eigene Geräte einsetzen möchte. Die Mehrheit der Befragten wolle lieber weiterhin mit Firmengeräten arbeiten.[11]

Alternativ zu diesem aktuellen Trend gibt es jedoch noch weitere Möglichkeiten, wie Unternehmen ihre IT Client Umgebung gestalten könnten. Geht es nach der Meinung von Herrn Dr. Ralph Hintemann, Senior Researcher am Borderstep Institut, werden bei zukünftigen Client Architekturen vieler Unternehmen Thin Clients eine große Rolle spielen.[12] Wachsende Absatzzahlen bei unterschiedlichen Herstellern von Thin Clients und Virtualisierungslösungen lassen dies zumindest vermuten. Vor allem der Wunsch vieler Administratoren, Desktops bzw. Clients zentral verwalten zu können, die Möglichkeit eines guten Datenschutzes und eine spürbare Kostenreduzierung der IT Kosten, sind die Treiber dieses schon länger anhaltenden Trends.[13] Schon eine Studie des Fraunhofer Institutes aus dem Jahr 2008 bescheinigt dem Einsatz von Thin Clients einen klaren Kostenvorteil gegenüber klassischen Client Modellen. Eine Einsparung von 29 Prozent der IT Kosten ist dabei unter gewissen Voraussetzungen möglich. Nach Angaben des Institutes lohnen sich die anfänglich hohen Anschaffungskosten bereits ab einer Client Anzahl von 40 bis 50 Stück.[14] Doch auch bei dieser Wahl der Client Architektur gibt es gewisse Nachteile. Allen voran nennt das Institut hier eine Einschränkung

---

[8] Gilbert, 2010, S. 49
[9] Simone und Michel, 2011, S. 2ff.
[10] Vile, 2011, S. 8
[11] Kurzlechner, 2012, S. 1
[12] Reppner, 2012, S. 1
[13] Feldmaier, 2010, S. 1–3
[14] Köchling und Knermann, 2008, S. 109

der Individualität des Arbeitsplatzes. Mitarbeiter könnten sich mit standardisierten Arbeitsplätzen, mit evtl. eingeschränkten Berechtigungen oder Funktionalitäten, beispielsweise als Mitarbeiter zweiter Klasse fühlen. Dies kann eine schlechte Motivation der Mitarbeiter zur Folge haben.[15] Für Giorgio Nebuloni, Senior Advisor bei IDC, stellen Thin Clients generell keine wirkliche Alternative als Endgeräte dar. Laut seiner Ansicht wird kaum ein mittelständisches Unternehmen eine relativ umfangreiche Umstellung seiner Client Umgebung auf Thin Clients durchführen, zumal hier auch mit hohen Investitionen für Server und Speichergeräten kalkuliert werden muss. Auch die fehlende Mobilität bei Thin Clients wird beispielsweise durch Wolfgang Schwab, Senior Advisor und Program Manager Efficient Infrastructure bei der Experton Group, bemängelt.[16] Diese und weitere Argumente sprechen gegen den Einsatz solch einer Architektur.

Die unterschiedlichen Meinungen und Diskussionen der Experten geben Aufschluss darüber, dass die Frage nach der richtigen Auswahl einer geeigneten Client Umgebung nicht so einfach beantwortet werden kann und eine Untersuchung der jeweiligen Lösungen hierfür sinnvolle Erkenntnisse liefern könnte.

1.1 Ziel der Bachelor Thesis

Diese Bachelor Thesis soll im Folgenden einen Überblick über verschiedene Client Architekturen geben. Im Mittelpunkt dieser Untersuchung stehen dabei die Endgerätelösungen. Neben dem klassischen Modell, in dem das Unternehmen PC's und Notebooks für die Mitarbeiter beschafft, wird auch die Möglichkeit betrachtet, dass Mitarbeiter ihre privaten Geräte für die Firma verwenden dürfen. Außerdem wird in dieser Untersuchung der Einsatz von Thin Clients als Endgerätelösung untersucht. In diesem Zusammenhang müsssen Vergleichskriterien gefunden bzw. definiert und für die entsprechenden Architekturmöglichkeiten analysiert werden. Eine abschließende Bewertung der Analyseergebnisse soll Entscheidungsträgern bei der Auswahl einer geeigneten Architektur für ein entsprechendes Unternehmen eine Unterstützung bieten. Nicht im Fokus dieser Arbeit liegen dabei Smartphones oder Tablet PC's, die laut Herrn Dr. Hintemann keine wirkliche Alternative für einen Arbeitsplatzrechner darstellen.[17] Nicht betrachtet werden des Weiteren die unterschiedlichen Virtualisierungsmöglichkeiten, da diese für die Wahl des Endgerätes nur eine untergeordnete Rolle spielen. Für die Wahl

---

[15] Köchling und Knermann, 2008, S. 13ff.
[16] Reppner, 2012, S. 1
[17] Reppner, 2012, S. 1

des Endgerätes ist es nicht von entscheidender Bedeutung, ob ein vollständiger Desktop virtuell abgebildet und dargestellt werden muss, oder ob es sich nur um einzelne Applikationen handelt. Beides ist sowohl mit Thin Clients, aber auch mit privaten Geräten und klassischen PC-Modellen möglich.

1.2 Aufbau der Arbeit

Für die Erreichung des gewünschten Forschungsergebnisses befasst sich das zweite Kapitel dieser Arbeit, der Einleitung folgend, zunächst mit den Begriffserklärungen sowie den Erläuterungen wesentlicher Gestaltungsmöglichkeiten einer Client Architektur. Anschließend wird im nächsten Abschnitt die genaue Vorgehensweise und Methodik der gesamten Untersuchung beschrieben. Im vierten Kapitel wird eine ausgiebige Literatur- und Internetrecherche, die als Basis für die Bestimmung der Vergleichskriterien dient, durchgeführt. Mit Hilfe dieses Reviews ist die Häufigkeit vorkommender Argumente, die durch die Expertenkreise für die einzelnen Architekturmodelle genannt werden, zu ermitteln. Im nächsten Kapitel werden die wesentlichen vergleichbaren Kriterien benannt und festgelegt. Zusätzlich werden diese zur leichteren Auswahl und Überschaubarkeit, mit Hilfe eines morphologischen Kastens, dargestellt. Die Bewertungen der entsprechenden Kombinationsmöglichkeiten bilden im Anschluss den wesentlichen Bestandteil der Entscheidungshilfe. Das Fazit wird den Abschluss dieser Bachelor Thesis darstellen und im sechsten Kapitel die Ergebnisse zusammenfassen und weitere empfohlene Vorgehensweisen und Forschungsfragen aufzeigen.

2 Theoretische Grundlagen

Für einen Vergleich und einer späteren Analyse werden in diesem Kapitel zunächst die dafür notwendigen Grundlagen beschrieben. Zu diesem Zweck ist eine Erläuterung der verschiedenen Endgerätearten und Architekturmodelle von Nöten. Zusätzlich soll dieses Kapitel einem einheitlichen Verständnis für die einzelnen Begrifflichkeiten oder Modelle dienen.

2.1 Client Arten

Um eine Entscheidung über die spätere Client Architektur treffen zu können, bedarf es anfänglich einer Übersicht über die grundlegenden Gerätetypen, die bei der Wahl der Umgebung getroffen werden können.

2.1.1 Fat Client

Eines der gebräuchlichsten Endgeräte stellt der sog. Fat Client, auch Rich Client oder Thick Client genannt, dar. Bei diesem befindet sich die Applikationslogik auf dem Gerät selbst. Die Verarbeitung und Berechnung findet durch den PC statt, weshalb eine ausreichende Performance der Hardware vorhanden sein muss. Bei einem klassischen Client-Server-Modell stellen diverse Server den Clients Dienste zur Verfügung.[18] Eine noch leistungsstärkere Form des PC´s wird als Workstation bezeichnet. Diese leistungsstarken Arbeitsplatzrechner werden in der Regel für rechenintensive Anwendungen verwendet. Die hohe Rechenleistung wird vor allem im technisch-wissenschaftlichen Bereich benötigt. Äußerlich unterscheiden sich die Geräte dabei kaum von einem normalen PC Arbeitsplatz. Sie können somit optimal in üblichen Büroräumen betrieben werden. Vor allem in Entwicklungsumgebungen bzw. für Entwicklungszwecke kommen oft Workstations zum Einsatz.[19]

2.1.2 Thin Client

Thin Clients, oder auch Netzwerkcomputer genannt, unterscheiden sich wesentlich von gebräuchlichen PC´s oder Workstations. Im Gegensatz zu diesen haben Thin Clients eine geringere Bauform und besitzen keinerlei bewegliche Teile, wie beispielsweise Lüfter oder klassische Festplatten. Die Ausführung von Applikationen und die Berechnung und Verarbeitung von Daten erfolgt nicht auf dem Endgerät, sondern auf speziellen Serverfarmen. Ein Thin Client dient somit nur als Benutzerterminal, das Benutzereingaben an einen Server weiterleitet und die entsprechenden Ausgaben dem Benutzer anzeigt.[20]

---

[18] Olbrich, 2003, S. 8
[19] Mertens, 2005, S. 35f.
[20] Knermann et al., 2008, S. 10f.

2.1.3 Zero Client

Der Zero Client ist eine noch leistungsreduziertere Form des Thin Clients. Wie auch der Thin Client besitzt der Zero Client ebenfalls keinerlei Festplatten oder Lüfter. Im Gegensatz zu einem Thin Client besitzt er zusätzlich auch keinen Prozessor oder Arbeitsspeicher. Auch auf den Einsatz eines Grafikchips oder eines Betriebssystems wird bei einem Zero Client verzichtet, während bei einem Thin Client in der Regel ein Flashspeicher mit einer Art Minibetriebssystem verwendet wird. Das Grundprinzip des Zero Clients hat sich gegenüber dem Thin Client jedoch nicht geändert. Auch beim Zero Client wird eine virtuelle Maschine oder Software auf einem Server gesteuert.[21] Der Client dient auch hier nur der Anzeige und Übermittlung von Ein- und Ausgabesignalen.

2.1.4 Virtual Client

Als virtual Client oder virtual Desktop werden originale Abbilder eines physikalischen PC Clients bezeichnet. Es handelt sich bei einem virtuellen Client also nicht um eine echte physikalische Hardware, sondern um eine Client Umgebung, die sich auf einem Server befindet und zum Beispiel mit einem Thin- oder Fat Client angezeigt und bedient wird. Der virtuelle Client verfügt hierbei über ein Betriebssystem, Softwareapplikationen und die Möglichkeit, Benutzereinstellungen individuell vorzunehmen. Dies wird zumindest im Allgemeinen unter dem Begriff „virtual Desktop Infrastructure" verstanden. Doch auch bei der Virtualisierung von einzelnen Applikationen oder beim Zugriff auf einzelne Softwareprodukte mit Hilfe einer Terminalserverumgebung wird mitunter von einem virtuellen Client gesprochen.[22]

2.2 Architekturmöglichkeiten

Die Wahl des Endgerätes hängt jedoch nicht nur von dem gewählten Gerät selbst ab. Eine entsprechende Architektur im Hintergrund beeinflusst oder schränkt sogar die Wahl des Endgerätes ein. So ist der Einsatz eines Thin- oder Zero Clients ohne entsprechende Software- und Hardwarevoraussetzungen in einem Rechenzentrum nicht möglich. Auch die Verwendung einer leistungsfähigen Workstation als Benutzerterminal für einen Virtuellen Client dürfte in der Regel keinen Sinn ergeben. Für die Gestaltung

---

[21] Paul, 2012, S. 8
[22] Manhart, 2011, S. 3

eines zukünftigen IT-Arbeitsplatzes ist also die Betrachtung des Endgerätes im Zusammenhang mit dem dahinter liegenden Architekturmodell notwendig. Die wesentlichen Gestaltungsmöglichkeiten sollen im Folgenden kurz erläutert werden.

2.2.1 Klassisches Client-Server-Netz

Bereits in den 80er Jahren begann die Entwicklung und Verbreitung der heute bekannten und gebräuchlichen Client-Server-Netze. Die grundlegende Funktionsweise besteht bei diesem Prinzip darin, dass Daten dezentral auf verteilten lokalen Ressourcen, den sog. Clients, verarbeitet werden. Innerhalb des Netzwerkes stellen Server den Clients diverse Dienste zur Verfügung. Mit Hilfe dieser zentralen Dienste, wie beispielsweise Datei-, Druck-, oder Datenbankdiensten, ist es dem Client möglich, die verarbeiteten Daten zu verteilen oder zu verwalten.[23] Üblicherweise befinden sich sowohl die Clients, als auch die dahinterliegende Infrastruktur im Besitz des Unternehmens. Im Vergleich zu dem später beschriebenen Bring Your Own Device Modell wird diese klassische Architekturform im Verlauf dieser Arbeit auch als Company-owned Modell bezeichnet.

2.2.2 Server-based Computing bzw. Thin Client Architektur

Anders als bei einem klassischen Client-Server-Modell arbeitet das Prinzip des Server-based Computing. Zwar stellen auch hier Server zentral ihre Dienste zur Verfügung, jedoch gibt es einen wesentlichen Unterschied bei der Verarbeitung der Daten. Die Verarbeitung erfolgt bei diesem Prinzip nicht auf den lokalen Ressourcen des Clients, sondern auf Großrechnern im Rechenzentrum. Der Nutzer baut mit Hilfe eines Terminals lediglich eine Verbindung zum Server auf und überträgt die Eingaben der Maus und Tastatur an diesen. Alle Programme und Verarbeitungen werden somit im Rechenzentrum ausgeführt und der entsprechende Bildschirminhalt an das Terminal übermittelt. Das Terminal dient somit lediglich als Datensichtgerät, das die Arbeitsumgebung, die sich auf dem Großrechner befindet, anzeigt. Für die Darstellung des Bildschirminhaltes ist keine große lokale Rechenleistung erforderlich, was den Einsatz preisgünstiger Endgeräte ermöglicht. In diesem Zusammenhang kommen deshalb besonders häufig sog. Thin Clients zum Einsatz. Mit Hilfe einer speziellen Software, wie beispielsweise XenApp von Citrix, ist die Darstellung der entsprechenden Bildschirminhalte auch auf einem herkömmlichen PC oder Fat Client möglich. Jedoch geht hierdurch der Preisvor-

---

[23] Knermann et al., 2008, S. 8

teil bei der Endgerätebeschaffung unter Umständen verloren.[24] Der Einsatz von Server-
based Computing bietet eine Alternative bei der Auswahl der verwendeten Endgeräte
im Gegensatz zu einem klassischen Client-Server-Netzwerk. Das Konzept des Server-
based Computing, unter Verwendung preisgünstiger Thin Client Geräte, wird innerhalb
dieser Arbeit auch als Thin Client Architektur bezeichnet.

2.2.3 Bring Your Own Device

Wie bereits in der Einleitung angedeutet spielt der zunehmende Trend, private Endgeräte im Unternehmen einsetzen zu können, eine steigende Rolle bei der Auswahl bzw. bei
dem Einsatz möglicher Client Endgeräte. Mit dem sog. „Bring our own Computer",
kurz BYOC, oder auch „Bring our own Device", kurz BYOD, soll den Mitarbeitern
ermöglicht werden, ihre eigenen Endgeräte für dienstliche Zwecke nutzen zu können.
So stellt beispielsweise die Firma Citrix seit 2008 ihren Mitarbeitern auf freiwilliger
Basis ein gewisses Budget für die Dauer von drei Jahren zur Verfügung. Mit Hilfe dieses Budgets kann der Mitarbeiter selbst über das gewünschte Endgerät entscheiden und
ist nicht an Gerätevorgaben des Unternehmens gebunden. Bei dieser Client Architektur
entkoppelt das Unternehmen die Firmenanwendungen vom Betriebssystem bzw. dem
Endgerät.[25] Im Fall der Firma Citrix wird der Support der Endgeräte durch diese Ent-
kopplung nicht mehr vom Unternehmen selbst durchgeführt. Vielmehr wird der Besitzer
des Gerätes dazu aufgefordert, eine dreijährige Garantie beim Gerätelieferanten abzu-
schließen, wenn er an dem BYOD Programm teilnehmen möchte.[26]

3 Vorgehensweise und Methodik

Nachdem im zweiten Kapitel die Begrifflichkeiten und theoretischen Grundlagen erläutert wurden, beschäftigt sich das nachfolgende Kapitel nun mit der weiteren Vorgehensweise und Methodik. Im Fokus steht dabei die Beschreibung einer systematischen
Literaturrecherche, die eine objektive Ermittlung der Vergleichskriterien der einzelnen
Client-Architekturen ermöglichen soll. Des Weiteren wird die Methodik eines morphologischen Kastens beschrieben. Mit dessen Hilfe werden die einzelnen Kriterien struktu-
riert und übersichtlich dargestellt. Anhand des Kastens wird ein Entscheider die Möglichkeit erhalten, die für ihn passende Architektur zu identifizieren.

---

[24] Köchling und Knermann, 2008, S. 9–11
[25] Vogel und Koçoğlu und Berger, 2010, S. 26–27
[26] Zieiins, 2011, S. 22

3.1 Literaturreview

Die Verwendung eines Literaturreviews ermöglicht im Allgemeinen eine intensive Auseinandersetzung mit bestehenden wissenschaftlichen Theorien und dem aktuellen Stand der Forschung zu einem bestimmten Themengebiet.[27] Es bildet somit den Kern und die Grundlage jeder wissenschaftlichen Arbeit.[28] Wie bereits zuvor beschrieben wird in dieser Arbeit die durchgeführte Literaturrecherche zusätzlich auch zur Bestimmung der Vergleichskriterien verwendet.

Grundsätzlich existieren für die Literaturrecherche zwei methodische Vorgehensweisen. Neben einer systematischen Vorgehensweise existiert auch eine unsystematische Version.[29] Bei der systematischen Suche wird ein möglichst hoher Grad an Vollständigkeit aller relevanten Quellen angestrebt. Zu diesem Zweck kommen vor allem Schlagwörter und deren Synonyme für die Suche zum Einsatz. Mit deren Hilfe werden beispielsweise Literaturdatenbanken oder Bibliothekskataloge nach relevanter Literatur durchsucht. Im Gegensatz dazu arbeitet die unsystematische Literatursuche mit bereits bekannten Quellen, wie beispielsweise Lehrbüchern. Anhand dieses Einstieges wird nach weiteren Literaturverweisen oder Anmerkungen gesucht, um so an zusätzliche Literaturquellen zu gelangen. Mit dieser Methode findet eine Verkettung zu themenbezogenen Werken statt. Diese Vorgehensweise kann jedoch ein fehlerhaftes Ergebnis liefern, da die Auswahl der Literaturwerke nicht repräsentativ sein kann. Die systematische Variante strebt dagegen jedoch eine Vollerhebung und somit die Berücksichtigung aller Quellen an. Aufgrund des großen Literaturumfanges ist dies jedoch in den wenigsten Fällen möglich, wodurch die Recherche in der Regel eher einer repräsentativen Zufallsstichprobe gleicht.[30]

3.2 Schritte des Literaturreviews

Aufgrund des bestehenden Risikos, bei einer unsystematischen Suche falsche Ergebnisse zu erzielen, wurde bei dieser Arbeit ein systematischer Ansatz bevorzugt. Eine solch systematische Vorgehensweise wird unter anderem von Herrn Dr. Oliver Obst in seinem Leitfaden zur strategischen Literaturrecherche beschrieben. Er gliedert in diesem den gesamten Suchprozess in zehn Stufen ein, die aufgrund ihrer Ausführlichkeit und

---

[27] Ridley, 2008, S. 2
[28] Läzer et al., 2010, S. 4
[29] Theisen, 1990, S. 38 ff.
[30] Prof. Dr. Robert F. Göx, 2006, S. 5–6

Übersichtlichkeit als Vorlage für die spätere Durchführung dieses Literaturreviews dienen. In dem von ihm beschriebenen Modell sind folgende Punkte aufgeführt:[31]

1. Definition der Fragestellung

2. Aufstellung der Suchbegriffe

3. Bestimmung der Recherchedatenbanken

4. Durchführung der Einstiegsrecherche

5. Ermittlung der Schlagwörter

6. Erarbeitung der Suchstrategie

7. Sichtung der gefundenen Literatur

8. Ausweitung der Recherche

9. Beschaffung der Literatur

10. Auswertung der Literatur

Eine Anleitung der Universität Kassel zur systematischen Literaturrecherche deckt sich
annähernd mit der Methode von Herrn Dr. Obst. Diese verzichtet jedoch auf die Durchführung der Einstiegsrecherche in Punkt 4 und die Ausweitung der Recherche in Punkt
8. Zusätzlich ist in dieser Anleitung nicht die Rede von einer anschließenden Auswertung der Literatur. Außerdem schlagen die Autoren statt einer Ermittlung von Schlag-
wörtern unter Punkt 5 lieber die Eingrenzung der Suchergebnisse mit Hilfe von Begren-
zungen, wie beispielsweise dem Erscheinungsjahr, dem verwendeten Medium oder der
Sprache vor.[32] Doch gerade beim Fehlen dieser zusätzlichen Punkte sieht Herr Dr. Obst
eine Verschlechterung des qualitativen Suchergebnisses, weshalb auch in dieser Arbeit
nicht darauf verzichtet wurde.[33]
Für ein einheitliches Verständnis des genannten zehn Stufen Modells und der Beschreibung der durchzuführenden Arbeitsschritte sollen diese einzelnen Stufen nachfolgend
kurz erläutert werden.

1. Definition der Fragestellung

Zu Beginn der Literaturrecherche muss zunächst die konkrete Fragestellung stehen.
Eine genaue und begrenzte Definition hilft dabei, Schlagworte für eine spätere Suche ausfindig zu machen.[34]

---

[31] Obst, o.J., S. 4
[32] Läzer et al., 2010, S. 5
[33] Obst, o.J., S. 3
[34] Läzer et al., 2010, S. 5

2. Aufstellung der Suchbegriffe

Als zweiter Schritt sollten nun die notwendigen Suchbegriffe aus der Fragestellung abgeleitet werden. Hierbei können bereits Synonyme der gesuchten Begriffe verwendet werden.[35]

3. Bestimmung der Recherchedatenbanken

Nach der Bestimmung der Suchbegriffe erfolgt die Auswahl der Literaturdatenbanken. Aufgrund der großen Anzahl solcher Datenbanken müssen zunächst diejenigen identifiziert werden, die für die Fragestellung von Relevanz sein könnten.[36]

4. Durchführung der Einstiegsrecherche

Anschließend empfiehlt Herr Dr. Obst die Durchführung einer Einstiegsrecherche. Mit der Verwendung einzelner Suchbegriffe kann so ein schneller Überblick über die verwendete Literaturdatenbank und deren Qualität und Quantität zum gewünschten Thema gewonnen werden. Spätestens hier sollte auch mit Synonymen oder der Verwendung anderer Sprachen begonnen werden, um die Trefferanzahl an Literatur zu erhöhen.[37]

5. Ermittlung der Schlagwörter

Die aus Punkt 4 gewonnenen Erkenntnisse helfen nun bei der Ermittlung weiterer Schlagwörter. Diese bieten einen alternativen Sucheinstieg und ermöglichen gezielte Treffer in Schriftstücken, die mit Schlagworten versehen worden sind.[38]

6. Erarbeitung der Suchstrategie

Nachdem nun die Datenbanken identifiziert und Suchbegriffe und geeignete Schlagworte definiert sind, folgt die Ausarbeitung einer geeigneten Suchstrategie. Diese hilft dabei, die große Menge an Artikeln bzw. Literatur innerhalb einer Datenbank bewältigen zu können. Aufgrund der teilweise geringen Abdeckung der

---

[35] Obst, o.J., S. 4
[36] Läzer et al., 2010, S. 6
[37] Obst, o.J., S. 5–6
[38] Obst, o.J., S. 8

Datenbanken mit Schlagworten besteht die Strategie für gewöhnlich aus einer Schlagwort- und Freitextsuche.[39]

7. Sichtung der gefundenen Literatur

Die erzielten Suchergebnisse ermöglichen nun nicht nur den direkten Zugriff auf Informationen zu einem Thema, sondern verschaffen über Literaturverzeichnisse, Zitate oder Referenzen Zugang zu weiteren, nicht gefundenen Schriftstücken.[40] Diese sog. Schneeballtechnik verschafft somit einen noch besseren Überblick über wichtige Autoren eines Themengebietes und unterstützt den Rechercheur bei der Sichtung bedeutender Werke.[41]

8. Ausweitung der Recherche

Lieferte die bisherige Suche nur eine geringe Anzahl an Treffern oder besteht der Wunsch nach einer Vervollständigung der Ergebnisse, empfiehlt Herr Dr. Obst die Ausweitung der Recherche. Dies kann beispielsweise durch die Verwendung weiterer Datenbanken, Kongress-Schriften oder des Internets erfolgen.[42]

9. Beschaffung der Literatur

Bevor im letzten Schritt eine Auswertung der gefunden Literatur getroffen werden kann, muss diese natürlich zunächst beschafft werden. Im einfachsten Fall kann dies über einen Download im Internet kostenfrei geschehen. Der Bezug über eine Bibliothek ist ebenfalls in den meisten Fällen möglich.[43]

10. Auswertung der Literatur

In der abschließenden Auswertung der gefundenen Literaturquellen sollten die Kernelemente, die für die jeweilige Untersuchung von Bedeutung sind, in einer übersichtlichen Form dargestellt werden. Hierfür eignet sich besonders eine tabellarische Übersicht.[44]

---

[39] Läzer et al., 2010, S. 7–8
[40] Läzer et al., 2010, S. 8
[41] Ridley, 2008, S. 40
[42] Obst, o.J., S. 11–18
[43] Obst, o.J., S. 18–19
[44] Streiner, 2003, S. 1–23

3.3 Morphologischer Kasten

Wie bereits in der Einleitung angedeutet existieren die unterschiedlichsten Argumente, Meinungen und Kriterien, die für die Auswahl einer Client Umgebung von Bedeutung sind. Für den systematischen Vergleich dieser zahlreichen Parameter wurde in dieser Untersuchung auf den Einsatz eines Morphologischen Kastens zurückgegriffen. Die als bekannte Kreativitätstechnik verwendete Methode des Morphologischen Kastens zerlegt ein Problem in dessen einzelne Parameter und deren Ausprägungen. Im Anschluss daran werden, unter Zuhilfenahme einer zweidimensionalen Matrix oder eines dreidimensionalen Kastens, neue Kombinationen der Parameterausprägungen gesucht.[45] Das Aufspüren dieser neuen Kombinationsmöglichkeiten stellt das Ziel dieser strukturierten Analyse dar. Diese analytische Methode dient zudem der Herleitung der Totalität aller möglichen Lösungsansätze zu einer Problemstellung. Es besteht also ein Anspruch auf Vollständigkeit aller möglichen Lösungsmöglichkeiten.[46] Des Weiteren lassen sich mit dieser Technik auch Beziehungszusammenhänge der einzelnen Kriterien darstellen.[47] Bei der Verwendung in dieser Untersuchung liegt das Hauptaugenmerk jedoch nicht auf Findung neuer Kombinationsmöglichkeiten. Vielmehr sollen die Analyse und die strukturierte Darstellung der einzelnen Parameter Aufschluss über die geeignete Architekturwahl bieten. Unter der Berücksichtigung der jeweils zutreffenden Parameter bietet der morphologische Kasten dem Entscheidungsträger eine Handlungsempfehlung bzw. Entscheidungshilfe. Besonders im Managementbereich kommen solche morphologischen Kästen oder Matrizen häufig bei Entscheidungsprozessen zum Einsatz. Diese werden beispielsweise für Funktionsanalysen, Verhaltensgitter oder Produkt-Markt Matrizen verwendet.[48]

3.4 Schritte des morphologischen Kastens

Für die Aufstellung einer morphologischen Matrix bzw. eines morphologischen Kastens hat der Entwickler dieser Methode, der Schweizer Physiker Fritz Zwicky, fünf allgemein gültige Arbeitsschritte definiert:

[45] Magiera, 2009, S. 50
[46] Zwicky, 1989, S. 13
[47] Zell, o.J., 2012, S. 1
[48] Zell, o.J., 2012, S. 1

1. Genaue Umschreibung des Problems
2. Identifikation der für die Lösung des Problems bestimmenden Parameter
3. Erstellung des morphologischen Schemas oder Kastens mit allen möglichen Lösungen
4. Bewertung der Lösungen auf Basis eines vorgegebenen Wertestandards
5. Wahl und Realisierung der optimalen Lösung[49]

Wie schon im Kapitel 3.2 werden auch in diesem Fall die einzelnen Schritte aus Verständnisgründen kurz genauer erläutert. Die Schritte geben auch hier wieder die notwendigen Arbeitsschritte des weiteren Verlaufs dieser Arbeit vor.

1. Genaue Umschreibung des Problems
Ähnlich der Vorgehensweise des Literaturreviews beginnt die Methodik des morphologischen Kastens mit der genauen Definition der Problemstellung. Eine Verallgemeinerung kann dabei nützlich sein, um im späteren Verlauf mehr Parameter oder Ausprägungen zu einer Problemstellung zu finden.[50]

2. Identifikation der für die Lösung des Problems bestimmenden Parameter
Im zweiten Schritt sind nun die relevanten Merkmale zu identifizieren, die bestimmend für das Problem bzw. dessen Lösung sind. Hierbei muss darauf geachtet werden, dass die einzelnen Merkmale nicht voneinander abhängig sind. Sollte dies dennoch der Fall sein, müssen diese aus der weiteren Bearbeitung ausgeschlossen werden.[51] Auch auf die Verwendung zu vieler Parameter sollte verzichtet werden. Diese erschweren das Auffinden einer optimalen Lösung und letztendlich wird ein Problem in der Regel nur durch ein paar wenige markante Merkmale definiert. Der Autor Carsten Magiera empfiehlt in diesem Zusammenhang selbst bei sehr komplexen Problemstellungen eine maximale Anzahl von sechs Parametern.[52]

[49] Zwicky, 1989, S. 76
[50] Magiera, 2009, S. 50–51
[51] Müller-Prothmann und Dörr, 2009, S. 99–100
[52] Magiera, 2009, S. 53

3. Erstellung des morphologischen Schemas oder Kastens mit allen möglichen Lösungen

Nachdem nun die Parameter festgelegt sind, ist es erforderlich, deren mögliche Ausprägungen zu sammeln. Diese werden anschließend in die zweidimensionale Matrix bzw. den dreidimensionalen Kasten übertragen. In diesem Schritt sollte darauf geachtet werden, dass keine Bewertung der einzelnen Ausprägungen stattfindet und somit auch unkonventionelle Lösungen übertragen werden. Diese können unter Umständen in Kombination wichtige Anregungen oder sogar optimale Lösungen ergeben.[53] Eine Missachtung dieser Regel führt hingegen zu einer mangelnden Vollständigkeit und birgt die Gefahr Vorurteile der durchzuführenden Teilnehmer zuzulassen.[54]

4. Bewertung der Lösungen auf Basis eines vorgegebenen Wertestandards

Die Bewertung der Lösungen stellt zunächst die Kombination der einzelnen Parameter und deren Ausprägungen dar. Zu diesem Zweck stehen zwei Vorgehensweisen zur Verfügung, um die optimalen Verknüpfungen zu identifizieren. Zum Einen kann ein intuitiver Ansatz verfolgt werden, bei dem die Auswahl der Kombinationen durch reine Betrachtung der Matrix und der Sinnhaftigkeit der Assoziationen getroffen wird. Alternativ dazu ist es jedoch auch möglich, die Matrix methodisch zu durchlaufen und so jede denkbare Kombination zu betrachten. Die Auswahl der Vorgehensweise hängt unter anderem von der Komplexität der Problemstellung, der Parameteranzahl und den persönlichen Vorlieben der durchführenden Personen ab.[55]

5. Wahl und Realisierung der optimalen Lösung

Als abschließender Schritt erfolgt eine Auswahl der besten Lösung, die realisiert werden soll. In der betrieblichen Praxis kommt es hier auch öfter zu der Auswahl mehrerer Alternativlösungen, die anschließend dem Management als Entscheidungsträger vorgelegt werden.[56]

Zur weiteren Verständnisvertiefung wurde das Ergebnis solch eines morphologischen Kastens in Abbildung 1 exemplarisch dargestellt. Diese Darstellung entspricht bereits

---

[53] Magiera, 2009, S. 51–53
[54] Zwicky, 1989, S. 18
[55] Magiera, 2009, S. 51–52
[56] Magiera, 2009, S. 52

der unter Schritt 3 erläuterten Erstellung des morphologischen Schemas. Als eingehende Fragestellung, die im ersten Schritt zu definieren ist, diente in diesem Beispiel die Suche nach einem neuen Stuhlmodell. Denn gerade bei Produktentwicklungsprozessen eignet sich die morphologische Methode um Kombinationsmöglichkeiten zu entdecken, die bisher nicht betrachtet worden sind.[57]

Parameter	Parameterausprägung		
Material	Holz	Glas	Kunststoff
Farbe	Rot	Grün	Blau
Form	Rund	Eckig	Oval

Abbildung 1: Morphologische Matrix[58]

In der Abbildung sind die im Schritt 2 definierten Parameter Material, Farbe und Form im linken Teil der Matrix zu finden. Daneben stehen die jeweiligen Ausprägungen der einzelnen Parameter, die im dritten Schritt identifiziert werden müssen. In diesem Fall sind dies beispielsweise für den Parameter Material die möglichen Ausprägungen Holz, Glas und Kunststoff. Da es sich hier nur um ein Beispiel zu Veranschaulichung handelt, wurde auf Vollständigkeit aller möglichen Parameter und deren Ausprägungen verzichtet. Mit Unterstützung dieser Matrix ist es nun im vierten Schritt möglich, alle Kombinationsmöglichkeiten der Parameterausprägungen abzulesen. In diesem Fall ergibt sich bei drei möglichen Parametern mit jeweils drei Parameterausprägungen eine maximale Kombinationsanzahl von 3^3, also insgesamt 27 Möglichkeiten. Bei den Kombinationen ist darauf zu achten, dass von jedem Parameter nur eine Ausprägung gewählt wird und auch jeder Parameter Verwendung findet. Eine korrekte Kombination wäre zum Beispiel ein blauer Glasstuhl, dessen Form eckig ist. Diese Auswahl wurde in Abbildung 1 durch eine Linie markiert. Dementgegen wäre die Auswahl eines rotgrünen Holzstuhles eine fehlerhafte Kombination, da der Paremeter Farbe zweimal gewählt wurde und der Parameter Form in keiner Ausprägung vorkommt. Aus der Summe der Kombinationsmöglichkeiten lässt sich nun im letzten Schritt die beste bzw. angestrebte Lösung finden, die anschließend realisert werden sollte.

Wie bereits unter Schritt 3, bei der Vorgehensweise der morphologischen Analyse, angedeutet, ist die Darstellung der identifizierten Merkmale und deren Ausprägungen nicht nur zweidimensional in einer Matrix, sondern auch in Form eines dreidimensionalen Kastens möglich. Die beschriebene Vorgehensweise ändert sich bei

---

[57] Zell, 2012, S. 1
[58] Eigene Darstellung

dessen Verwendung nicht. Jedoch lassen sich mit Hilfe eines Quaders lediglich drei Hauptkategorien mit den Ausprägungsmöglichkeiten abbilden.[59] Theoretisch ist zwar auch eine mehrdimensionale Erweiterung möglich, die bildliche Darstellung und die Anforderung an eine gewisse Überschaubarkeit verhindern dies allerdings. Sollte dennoch die Notwendigkeit mehrerer Parameter bestehen, ist der Einsatz einer Matrix zu empfehlen.[60] Die bei der Verwendung eines morphologischen Kastens verwendeten drei möglichen Hauptkategorien werden indes auch als Dimensionen bezeichnet.[61] Zur Verdeutlichung wurde in Abbildung 2 das bereits verwendete Beispiel des Produktentwicklungsprozesses eines neuen Stuhlmodells in einen morphologischen Kasten übertragen.

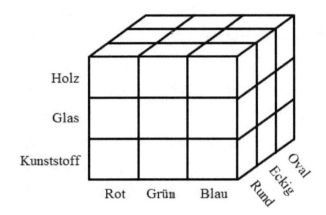

Abbildung 2: Morphologischer Kasten[62]

Hierbei bilden die damals identifizierten Parameter Material, Farbe und Form die erforderlichen Dimensionen des Kastens. Durch die Kombination der einzelnen Parameterausprägungen der jeweiligen Parameter Material und Farbe erhält man insgesamt neun sogenannter Schubladen. In Verbindung mit den möglichen Produktformen erhält man, wie auch schon in der Matrix, erneut die maximale Anzahl von 3^3 Kombinationsmöglichkeiten für dieses Beispiel. Diese Möglichkeiten werden beim morphologischen Kasten auch als Fächer bezeichnet.[63]

Durch die morphologische Matrix bzw. des morphologischen Kasten lassen sich auch komplexe Problemstellungen beherrschbar machen,[64] weshalb diese auch für den weiteren Verlauf dieser Untersuchung zur Anwendung kommt.

---

[59] Magiera, 2009, S. 53
[60] Zwicky, 1972, S. 130–134
[61] Zell, 2012, S. 1
[62] Eigene Darstellung
[63] Zwicky, 1972, S. 130–143
[64] Magiera, 2009, S. 53

---

4   Untersuchungsverlauf

Nachdem nun die theoretischen Grundlagen erläutert und die genaue Vorgehensweise beschrieben und definiert wurden, befasst sich das folgende Kapitel mit dem eigentlichen Untersuchungsverlauf. Dieser folgt den bereits beschriebenen Schritten des Literaturreviews und des morphologischen Kastens. Um dabei den nachfolgenden Lesefluss zu erhöhen, wurden teilweise einige Schritte zusammengefasst. Bevor jedoch mit der Literaturrecherche begonnen werden kann, ist zunächst die Auswahl der zu vergleichenden Architekturmöglichkeiten erforderlich.

4.1   Auswahl der Client Architekturen

Aufgrund der einleitend erwähnten Expertenmeinungen und Diskussionen fiel die Auswahl der zu vergleichenden Architekturmöglichkeiten zunächst auf die aktuell häufig kontrovers diskutierte Möglichkeit private Endgeräte im Unternehmen zuzulassen. Gartner Research prognostizierte im Jahr 2010 in seinem Hype Cycle des High-Performance Workplace dieser Methode die Etablierung auf dem Markt innerhalb der nächsten fünf bis zehn Jahre. In der nachfolgenden Abbildung des Hype-Cycles ist dies unter dem Begriff „BYOC" zu finden.

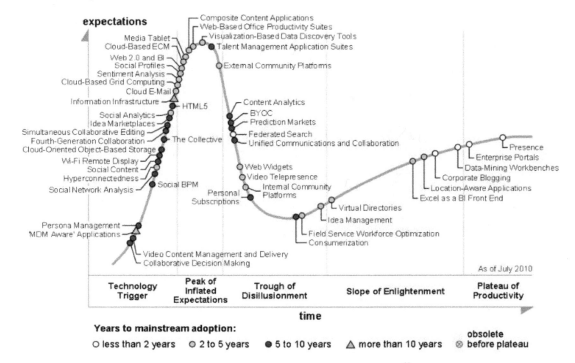

Abbildung 3: Gartner Hype Cycle for the High-Performance Workplace, 2010[65]

---

[65] Gilbert und Austin, 2010, S. 7

Über die genau Art und den Umfang der Etablierung gibt der Hype-Cycle von Gartner Research jedoch keinerlei Auskunft. Vielmehr lässt sich die Bedeutung des Trends auch daran erkennen, dass bereits zahlreiche Firmen über die Einführung eines BYOC Konzeptes nachdenken, oder dies in Teilen oder gänzlich schon realisiert haben. So setzen neben der Firma Citrix bereits Unternehmen wie Kraft Foods, EMC oder IBM auf den Einsatz privater Endgeräte im Unternehmen.[66] IBM beziffert die Zahl der Mitarbeiter, die von BYOD Gebrauch machen und eigene Geräte in das Unternehmen einbringen, sogar mit ca. zwei Dritteln der Gesamtbelegschaft.[67] Zahlreiche Studien und Umfragen namhafter IT-Beratungsunternehmen unterstreichen zusätzlich die Aktualität und das Potenzial dieses Trends, weshalb dieser auch einen Teil dieser Arbeit darstellt.

Als weiterer Untersuchungsgegenstand wurde die Möglichkeit des Server-based Computings und der damit verbundene Einsatz von Thin Clients als Endgerätelösung gewählt. Laut einer Studie der Experton Group über den IT Client der Zukunft aus dem Jahr 2011 spielen Thin Clients zukünftig eine signifikante Rolle, wenn es um den Ersatz eines klassischen Arbeitsplatz PC´s geht.[68] Andere Client Virtualisierungen, wie beispielsweise Virtual Desktop Infrastructure, spielen eher eine untergeordnete Rolle. Dies zeigt das Ergebnis einer Umfrage von 144 Unternehmen in Abbildung 4, welche im Zusammenhang mit dieser Studie durchgeführt wurde.

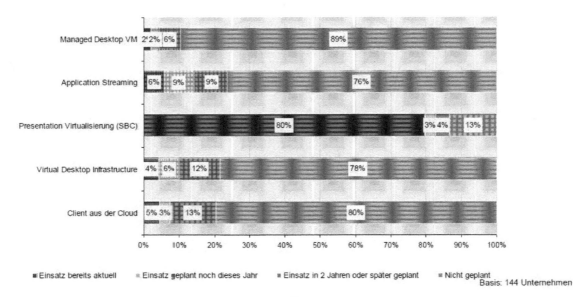

Abbildung 4: Experton-Studie über virtuelle Desktops[69]

[66] Rath, 2011, S. 1
[67] Kurzlechner, 2012, S. 2
[68] Experton Group, 13.05.2011, S. 1
[69] Experton Group, 13.05.2011, S. 1

Die Umfrage gibt Aufschluss darüber, dass bereits 80 Prozent der befragten Unternehmen Server-based Computing einsetzen, wohingegen der Einsatz anderer Desktop Virtualisierungen in überwiegender Mehrheit mit bis zu 89 Prozent nicht geplant ist. Auch die steigenden Verkaufszahlen von Thin Clients bestätigen die Ergebnisse der Umfrage. So prognostiziert das Marktforschungsinstitut IDC ein zehnprozentiges Wachstum des Thin Client Absatzes im Jahr 2012 gegenüber 2011. Schon im Vorjahr betrug hier das Wachstum 10,8 Prozent, was den anhaltenden Aufwärtstrend erkennbar macht.[70]

Beide Trends sind somit von hoher Relevanz für die Entscheidung zukünftiger Client Architekturen und bilden den Hauptbestandteil dieser Untersuchung. In diesem Zusammenhang muss für beide Möglichkeiten eine Vergleichsbasis geschaffen werden. Zusätzlich muss für die Betrachtung das weit verbreitete herkömmliche Client Modell berücksichtigt werden, in dem klassische PC-Server Netze mit firmeneigenen PC´s zum Einsatz kommen. Dieses könnte durch die aufkommenden Trends ggf. abgelöst oder im Gegenteil als optimale Lösung bestätigt werden. Aufgrund des Umfanges dieser Arbeit werden keine weiteren möglichen Client Architekturen berücksichtigt, zumal hierzu auch kein weiterer klarer Trend erkennbar war.

4.2   Entwicklung der Suchstrategie

Für die Erarbeitung der Suchstrategie wurden in diesem Abschnitt die Punkte 1, 2, 4, 5 und 6 des unter 3.2 genannten Zehnstufenmodells zusammengefasst.

Zu Beginn der Literaturrecherche musste für die Festlegung geeigneter Suchbegriffe bzw. Schlagwörter zunächst eine Ableitung bzw. Definition entsprechender Forschungsfragen durchgeführt werden. Im Mittelpunkt der Fragestellungen standen dabei die jeweiligen Vor- und Nachteile der gewählten Architekturmöglichkeiten, die maßgeblich für das Treffen einer Auswahlentscheidung notwendig sind. Die Forschungsfragen konnten deshalb wie folgt definiert werden:

1. Welche Vor- und Nachteile sprechen für den Einsatz des Bring Your Own Device Modells?

2. Welche Vor- und Nachteile sprechen für den Einsatz von Thin Clients?

---

[70] Bundesverband Informationswirtschaft, Telekommunikation und neue Medien e.V., 03.08.2012, S. 1

Hierbei war die Definition einer weiteren Forschungsfrage, die sich mit den Kriterien einer herkömmlichen IT Client Architektur beschäftigt, nicht von Nöten, da in der Fachliteratur sowohl das BYOD Modell als auch das Thin Client Modell gerade damit verglichen wird. Aufgrund dieses Vergleiches ergeben sich durch die gefundenen Kriterien der jeweiligen Modelle auch die Vergleichsparameter des klassischen Client Modells. Eine explizite Suche nach weiteren Kriterien für das klassische Modell war deshalb nicht erforderlich.

Anhand der Forschungsfrage und der durchgeführten Eingangsrecherche konnten für das BYOD Modell folgende Suchbegriffe abgeleitet werden:

- Bring Your Own Device (BYOD)
- Bring Your Own Computer (BYOC)
- IT Consumerization

Bei den Begriffen BYOD und BYOC wurden sowohl die Abkürzungen als auch die vollständige Schreibweise bei der Suche berücksichtigt. Damit wurde sichergestellt, dass alle relevanten Quellen identifiziert wurden und es nicht zu Fehlern aufgrund unterschiedlicher Schreibweisen in den Onlinedatenbanken kam.

Die durchgeführte Recherche für das Thema Server-based Computing ergab indes folgende Suchkriterien:

- Thin Client
- Zero Client
- Server-based Computing
- Terminalserver

Sowohl bei dem BYOD Modell als auch bei der Thin Client Architektur wurden die einzelnen Schlüsselbegriffe mit dem boolschen Operator OR verknüpft, da sämtliche Quellen mit den entsprechenden Suchkriterien identifiziert werden sollten. Besonders in diesen Fällen ist die Verwendung einer OR Verknüpfung zu empfehlen.[71] Für die Möglichkeit einer zu großen Trefferzahl wurden im Vorfeld zusätzliche Begriffe definiert, die die Suchanfrage genauer spezifizieren sollten, um evtl. ein besseres Ergebnis zu

---

[71] Ridley, 2008, S. 40–41

erzielen. Im Einzelnen waren dies die Begrifflichkeiten, die im Folgenden als Hilfsbegriffe definiert und verwendet werden:

- Vorteile

- Nachteile

- Advantages

- Disadvantages

- Pros

- Cons

Diese sollten im Bedarfsfall mit dem logischen Operator AND verknüpft werden. Die Verknüpfung sorgt dafür, dass nur Treffer ausgegeben werden, die beide Suchbegriffe enthalten. Enthält ein Dokument nur einen der beiden Suchbegriffe, wird dieses durch den AND Operator ignoriert.[72] Mit Hilfe dieser Vorgehensweise werden bei der Freitextsuche Kombinationsmöglichkeiten gefunden, um möglichst zielgerichtet entsprechende Literatur identifizieren zu können.

4.3 Literaturauswahl und Bewertung

Nachdem nun die Suchstrategie festgelegt worden ist, beschäftigt sich das nachfolgende Kapitel mit der eigentlichen Suche und Bewertung geeigneter Literaturquellen. Hierfür wurden die Schritte 3, 7, 8 und 9 des unter 3.2 genannten Zehnstufenmodells zusammengefasst.

Aufgrund der großen Anzahl an Informationsdatenbanken, Fachzeitschriften, Konferenzen und anderen Informationsquellen, des Umfangs dieser Arbeit und dem Ziel, eine optimale Menge an relevanten Quellen zu identifizieren, musste eine Selektion dieser Quellen vorgenommen werden. Zu diesem Zweck wurde zunächst eine Recherche in dem „Online Public Access Catalogue" der Friedrich-Alexander-Universitätsbibliothek Erlangen-Nürnberg durchgeführt. Die Suchergebnisse dieser Recherche brachten jedoch nur eine sehr geringe Anzahl an Treffern. Dabei konnten für die Begriffe des BYOD Modells gar keine Treffer erzielt werden, wohingegen für die Thin Client Architektur zumindest 19 unterschiedliche Literaturquellen identifiziert werden konnten. Von die-

---

[72] Ridley, 2008, S. 41

sen 19 Quellen stellten sich nach einer kurzen Literaturbeurteilung jedoch acht Quellen als unbrauchbar heraus.

Bei dieser ersten Beurteilung der erzielten Treffer wurden, wie von Herrn Alfred Brink empfohlen, zunächst die Titel und Untertitel der identifizierten Werke auf deren Treffergenauigkeit überprüft. Zusätzlich wurden auch bei der Freitextsuche evtl. enthaltene Schlagwörter überprüft, um die Zugehörigkeit zu einem bestimmten Wissenschaftsbereich identifizieren zu können. Sofern vorhanden wurden des Weiteren Rezensionen, die bei renommierten Rezensenten einen wichtigen Indikator für den Wert der gefundenen Literatur darstellen können, verwendet. Abschließend wurde mit Hilfe evtl. vorhandener Abstracts versucht, Hinweise auf die Themenrelevanz des gefundenen Werkes zu erhalten.[73] Diese Methodik der ersten Literaturbeurteilung und somit Filterung der Gesamttreffer kam im gesamten weiteren Verlauf der Literaturrecherche zum Einsatz.

Die geringe Anzahl der erzielten Treffer nach der ersten Sichtung der gefundenen Werke machte eine deutliche Ausweitung der Recherche notwendig. Ursächlich für die geringe Anzahl konnten beispielsweise das Themengebiet der Universität, der lokale Bestand der Bibliothek oder auch die Aktualität des Themas und somit die generelle Verfügbarkeit an Fachbüchern sein. Eine Erweiterung der Suche innerhalb von Fachzeitschriften wurde deshalb als sinnvoll betrachtet, denn gerade bei aktuellen Themen wie dem BYOD Modell haben Zeitschriften den Vorteil, dass sie dabei helfen über aktuelle Forschungen auf dem Laufenden zu sein.[74] Aus diesem Grund wurde die Suche mit einem der meistgenutzten Datenbankanbieter EBSCOhost ausgeweitet.[75] Als Recherchegrundlage wurden hierzu folgende Datenbanken ausgewählt:

- Business Source Premier
- EconBiz (Germany)
- EconLit with Full Text

Die Business Source Premier Datenbank stellt die populärste Wirtschaftsdatenbank mit zahlreichen Zeitschriften und geprüften Titeln dar. Zusätzlich bietet sie umfassende Volltexte für alle Fachbereiche der Wirtschaft an, die bis in das Jahr 1886 zurückreichen. Auch die tägliche Aktualisierung durch den Datenbankanbieter sprach für diese

[73] Brink, 2005, S. 124
[74] Obst, o.J., S. 19–20
[75] Ebsco Publishing, 2012, S. 1

Auswahl. Als weitere Quelldatenbank wurde außerdem die EconBIZ (Germany) Datenbank gewählt. Diese wird in Zusammenarbeit der Deutschen Zentralbibliothek für Wirtschaftswissenschaften und der Universitäts- und Stadtbibliothek Köln angeboten. Besonders die Erstreckung des Suchraumes über deutsche und internationale wirtschaftswissenschaftliche Datenbanken und das Angebot ausgewählter, relevanter Internetquellen waren ein Auswahlkriterium. Als abschließende Ergänzung wurde noch die EconLit with Full Text Datenbank gewählt. Diese gilt als führende Quelle bei Literaturreferenzen im Wirtschaftsbereich und besitzt ebenfalls ein großes Angebot an Volltexten. Gerade das Angebot an zahlreichen Volltexten wurde für die Recherche als hilfreich erachtet, da somit die Beschaffung und Einzelrecherche der jeweiligen Artikel weitgehend entfällt.

Nachdem die Suchdatenbanken definiert worden waren, erfolgte die erste Recherche zunächst für die BYOD Strategie. Die zuvor definierten Schlüsselbegriffe wurden mit OR verknüpft und mit Auswahl des Volltextkriteriums in den gewählten Datenbanken recherchiert. Die Suche lieferte dabei am 21.11.2012 nach Abzug doppelter Artikel insgesamt 101 Treffer. Nach einer stichprobenartigen kurzen Bewertung der Artikelüberschriften und Zusammenfassung etc., wurden die Ergebnisse als treffend erachtet und für die spätere Auswertung gespeichert. Das Resultat zeigte zugleich, dass die Suche innerhalb von Fachzeitschriften zu wesentlich mehr Literaturquellen führte, und bekräftigte die Vermutung über die fehlende Verfügbarkeit an Fachbüchern zu diesem Thema. Aufgrund der weitreichenden Datenbestände der einzelnen Datenbanken wurden diese Quellen auch für die Recherche der Thin Client Architetkur gewählt. Auch bei dieser Suche wurden zunächst die einzelnen Schlüsselbegriffe mit OR verknüpft und per Volltextsuche recherchiert. Mit dieser Auswahl konnten insgesamt 1325 Treffer innerhalb der Datenbanken identifiziert werden. Aufgrund des zeitlichen Umfanges dieser Arbeit konnten diese jedoch nicht bearbeitet bzw. ausgewertet werden, weshalb eine feinere Abgrenzung stattfinden musste. Zu diesem Zweck wurde die Suche mit den unter 4.2 definierten Hilfsbegriffen fortgeführt. Hierzu erfolgte eine AND Verknüpfung der einzelnen Schlüsselbegriffe mit den jeweiligen Hilfsbegriffen. Die Kombinationen aus Schlüsselbegriffen und Hilfsbegriffen wurden wiederum mit dem OR Operanden verknüpft. Daraus ergab sich die beispielhaft dargestellte Suchsyntax von (Thin Client AND Vorteile) OR (Thin Client AND Nachteile). Durch dieses Suchmuster konnten, ebenfalls am 21.11.2012 und nach Abzug doppelter Artikel, die Sucherergebnisse auf

104 eingegrenzt werden. Auch in diesem Fall fand eine positive Bewertung der Treffer und eine Speicherung der Artikel für die spätere Bearbeitung statt.

4.4 Literaturauswertung

Als letzter Schritt des Literaturreviews befasst sich das Kapitel 4.4 nun mit der Auswertung der identifizierten Literaturquellen. Vorrangig sollen hierbei entsprechende Argumente, die für die jeweilige Architektur sprechen, gefunden, gruppiert und dargestellt werden. Des Weiteren werden die gewonnen Vergleichskriterien der Architekturmodelle gegenübergestellt, um so die jeweiligen Stärken und Schwächen der Modelle zu erkennen. Zusätzlich werden mit der Auswertung Themenschwerpunkte, die möglichst für alle Modelle zutreffen, bestimmt. Diese bilden anschließend die Vergleichsgrundlage und dienen der späteren Erstellung des morphologischen Kastens.

4.4.1 Auswertung Bring Your Own Device

Wie bereits unter 4.3 erwähnt konnten für das BYOD Modell, mit Hilfe der erarbeiteten Suchstrategie, insgesamt 101 Quellen identifiziert werden. Diese wurden, wie im Zehn-Stufen Modell des Literaturreviews empfohlen, zunächst in einer tabellarischen Form erfasst. Die detaillierte Übersicht dieser Quellen ist in Anhang A zu finden. Die Artikel stammen aus insgesamt 47 unterschiedlichen Fachzeitschriften, die sich über Literatur der Informationstechnik, wie beispielsweise dem Magazin Computerworld, und einigen Wirtschaftsmagazinen, wie dem Forbes Magazin, erstrecken. Innerhalb dieser Artikel wurden insgesamt 287 Nennungen getroffen, die für oder gegen den Einsatz dieses Modells sprechen. Als Nennungen wurden dabei jeweils nur die Argumente der Verfasser gezählt und nicht die angefügten Beispiele, die die Argumente bekräftigen. Damit wird verhindert, dass evtl. wenige sehr ausführliche Artikel mit vielen Beispielen das Gesamtergebnis verfälschen und somit das Ergebnis nicht die Meinungsmehrheit und die wichtigsten Kriterien für ein Modell widerspiegelt. Wurden beispielsweise in einem Artikel erhöhte Supportkosten aufgrund von technischen Updateschwierigkeiten und einem höheren Störticketaufkommen genannt, zählte dies als eine Nennung zum Thema Supportkosten. Für den späteren Vergleich und den Anspruch auf Vollständigkeit wurden alle vorgekommenen Beispiele einmalig erfasst. Die Erfassung und Gruppierung ist der Mindmap in Abbildung 5 zu entnehmen.

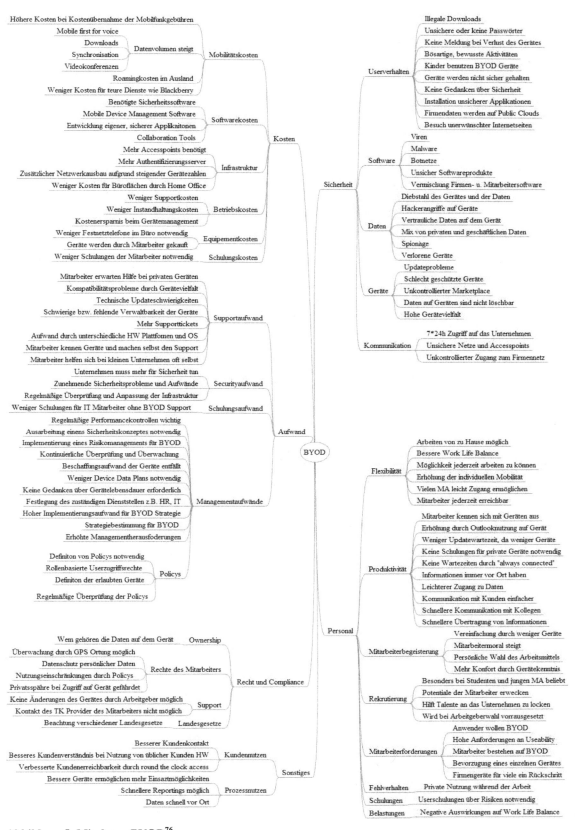

Abbildung 5: Mindmap BYOD[76]

[76] Eigene Darstellung

Für das Thema BYOD konnten durch die Gruppierung die Themenschwerpunkte Aufwand, Kosten, Sicherheit, Personal, Recht und Compliance und Sonstiges ermittelt werden. Die einzelnen Schwerpunkte sind wiederrum in entsprechende Untergruppierungen unterteilt, die alle genannten Beispiele enthalten. Diese Beispiele können sowohl Vorteile als auch Nachteile darstellen. Zusätzlich konnten einige Argumente gefunden werden, die für die Wahl des BYOD Modells von Bedeutung sind, jedoch nicht als eindeutiger Vor- oder Nachteil ausgewiesen wurden. Zu nennen sind hier vor allem die Mitarbeiterforderung unter dem Themenschwerpunkt Personal. Die Erfüllung dieser Forderungen könnte auf der einen Seite einen positiven Effekt auf die Mitarbeiter, deren Rekrutierung und Zufriedenheit darstellen. Somit könnte die Erfüllung dieser als Vorteil ausgelegt werden. Auf der anderen Seite bedeutet die Erfüllung für ein Unternehmen unter Umständen einen gewissen Aufwand, Risiken und Kosten, die wiederum als Nachteil ausgelegt werden könnten. Die Aussagen der Autoren und Fachexperten ließen hier keine eindeutige Zuordnung zu. Die Häufung dieser Nennungen zeigte aber, dass diese Punkte laut Expertenmeinungen für Entscheidungsträger von Bedeutung sind, weshalb diese auch in diese Sammlung aufgenommen wurden. Aufgrund des geringen Platzbedarfes, der Übersichtlichkeit und der Tatsache, dass die Mindmap lediglich eine Sammlung und Gruppierung aller identifizierten Nennungen darstellt, wurde allerdings auf eine weitere Unterteilung der Vor- u. Nachteile in der Mindmap verzichtet.

Das Verhältnis zwischen neutralen, positiven und negativen Nennungen innerhalb der Themenschwerpunkte wird stattdessen in Abbildung 6 ersichtlich.

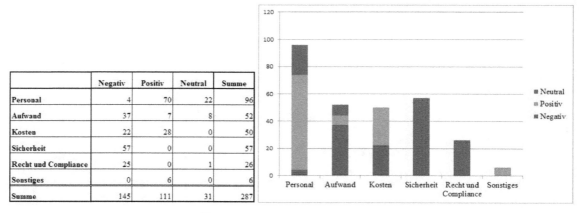

	Negativ	Positiv	Neutral	Summe
Personal	4	70	22	96
Aufwand	37	7	8	52
Kosten	22	28	0	50
Sicherheit	57	0	0	57
Recht und Compliance	25	0	1	26
Sonstiges	0	6	0	6
Summe	145	111	31	287

Abbildung 6: Vor- u. Nachteile BYOD[77]

Das Gesamtergebnis aller Nennungen von 287 zeigt dabei einen leichten Überhang negativer Nennungen mit 145, gegenüber den positiven Aspekten mit 111 und den neutra-

---

[77] Eigene Darstellung

len Punkten mit insgesamt 31 Argumenten. Besonders aufschlussreich sind dabei die Tendenzen innerhalb der einzelnen Schwerpunkte. So ist mit ca. 63 Prozent aller positiv genannten Punkte, die für die Einführung einer BYOD Strategie sprechen, die Mehrheit im Bereich Personal zu finden. Zusätzlich stellt dieser Bereich den höchsten Anteil an neutralen Punkten, was an den bereits angesprochenen Mitarbeiterforderungen liegt. Die Anzahl der neutralen Nennungen beläuft sich allein bei diesen Forderungen auf 21 Stück. Des Weiteren ist der Punkt Sicherheit von besonderem Interesse, da zu diesem Bereich kein einziges positives oder neutrales Argument von den Autoren genannt wurde. Stattdessen stellen die negativen Sicherheitskriterien ca. 39 Prozent aller Negativmeldungen dar. Ebenfalls keinerlei positive Auswirkungen wurden dem Bereich Recht und Compliance durch die Experten zugesprochen. Hierbei beläuft sich der Anteil negativer Gesichtspunkte auf ca. 17 Prozent der insgesamt 145 negativen Aspekte. Mit einem Anteil von ca. 25,5 Prozent und 37 Zählungen liegen die unerwünschten Auswirkungen im Bereich Aufwand hinter dem Punkt Sicherheit an zweiter Stelle. Als positive Argumente im Bereich Aufwand gelten lediglich die Punkte des fehlenden Beschaffungsaufwandes von Geräten, die Beschäftigung mit den Gerätelebensdauern und die Einsparung an Supportaufwänden, wenn die Mitarbeiter ihre Geräte selbst betreuen und keine Unterstützung durch den Arbeitgeber gewährt wird. Als relativ ausgeglichen kann der Bereich Kosten bezeichnet werden. Obwohl dieser mit ca. 25 Prozent, gemessen an allen positiven Stimmen, den zweitgrößten positiven Anteil besitzt, ist das Ergebnis innerhalb des Bereiches nicht sehr eindeutig. Die Meinung der Experten geht innerhalb des Kostenbereiches auseinander, was auch das ausgeglichene Verhältnis zwischen den Vor- u. Nachteilen innerhalb der Kostensäule zeigt. Als größte Kostentreiber wurden hierbei die notwendigen Maßnahmen für einen sicheren Betrieb und die steigenden Aufwände durch Traffic, Roaming und die damit anfallenden Gebühren und Aktivitäten genannt. Den größten Kostenbenefiz hingegen sehen die Experten besonders in der Einsparung bei der Gerätebeschaffung. Mit 15 Nennungen wird hier das größte Potential gesehen. Dies wird gefolgt von fünf weiteren Zählungen durch Einsparmöglichkeiten im Gerätesupport. Der letzte Themenschwerpunkt für sonstige Nennungen kann aufgrund seiner geringen Anzahl und seinem lediglich ca. 2,1 prozentigen Anteil am Gesamtergebnis vernachlässigt werden.

Zusammenfassend kann über das BYOD Modell gesagt werden, dass die Experten die größten Vorteile im Bereich des Personales sehen. Bei dem Thema Kosten sind die

Fachleute geteilter Meinung, während bei den Säulen Aufwand, Sicherheit, Recht und Compliance die negativen Aspekte klar überwiegen.

4.4.2 Auswertung Thin Client Architektur

Auch für die Thin Client Architektur erfolgte eine Auswertung, Gruppierung und Erfassung aller Vor- und Nachteile bzw. Nennungen, die in den gefundenen Artikeln identifiziert werden konnten. Die detaillierte Quellübersicht der 104 Artikel, die für das Thin Client Modell ausgewertet wurden, ist in Anhang B zu finden. Ebenso wie für das Thema BYOD stammen die Artikel für das Thin Client Modell aus diversen Wirtschaftsmagazinen und Fachzeitschriften der Informationstechnik. Die Verteilung der Artikel erstreckte sich hierbei über 59 unterschiedliche Zeitschriften. In diesem Zusammenhang konnten insgesamt 331 Nennungen identifiziert werden. Die Erfassung bzw. Zählung und Zuweisung der einzelnen Argumente folgte ebenfalls der gleichen Methodik, die schon bei der BYOD Auswertung angewandt wurde. Als Nennungen zählten also jeweils nur die entsprechenden Argumente und nicht die unterstützenden Beispiele. Dennoch wurden auch diese Zwecks Vollständigkeit und zu Vergleichszwecken wieder erfasst. Die getroffenen Gruppierungen der Kriterien und somit die Identifizierung der Themenschwerpunkte orientierte sich in erste Linie an den reinen Inhalt bzw. den Argumentationen der Verfasser. Soweit möglich wurde jedoch bereits bei der Gruppierung der Schwerpunkte und deren Untergruppierungen darauf geachtet, möglichst die Begrifflichkeiten, die auch schon bei der BYOD Analyse Verwendung fanden, zu nutzen. Dies sollte eine spätere Gegenüberstellung und Zuordnung erleichtern. Das Ergebnis dieser Auflistung veranschaulicht Abbildung Nummer 7.

Abbildung 7: Thin Client Mindmap[78]

[78] Eigene Darstellung

Bei der Thin Client Analyse konnten durch die beschriebene Methodik bereits bei der Gruppierung der einzelnen Argumente bzw. bei der Erstellung der Mindmap gewisse Parallelen der Themenschwerpunkte zum Thema BYOD gezogen werden. Auch in diesem Fall wurden zahlreiche Nennungen in den Bereichen Kosten, Aufwand, Sicherheit und Personal getroffen. Das Thema Recht und Compliance wurde hingegen bei der Thin Client Architektur nicht genannt. Des Weiteren wurden sehr selten genannte Kriterien wieder unter Sonstiges zusammengefasst. Zusätzlich entfielen auch bei den Thin Client Artikeln einige Nennungen auf das Thema Mitarbeiterforderungen. Anders als bei dem BYOD Thema waren diese jedoch nicht als neutrale Punkte zu werten. Die Mehrheit der Autoren beschrieben diese Forderungen als Nachteil für eine Thin Client Strategie, da es sich laut den Angaben in den Artikeln nicht nur um reine Forderungen oder Wünsche handle, sondern sich das Personal aktiv gegen eine Einführung wehren würde. Um die jeweilige Verteilung der einzelnen Vor- u. Nachteile darzustellen und den bereits angesprochenen Einschränkungen der Mindmap entgegen zu wirken, wurde für das Thin Client Thema ebenfalls eine separate Übersicht erzeugt. Die Abbildung 8 lässt dabei erkennen, dass sich das Verhältnis zwischen den positiven und negativen Gesichtspunkten bei der Thin Client Technologie ganz anders bei den Experten darstellt, als dies bei dem BYOD Modell der Fall war. Von den insgesamt 331 Meldungen überwiegen dabei mit knapp 77 Prozent die positiven Aspekte der Technologie.

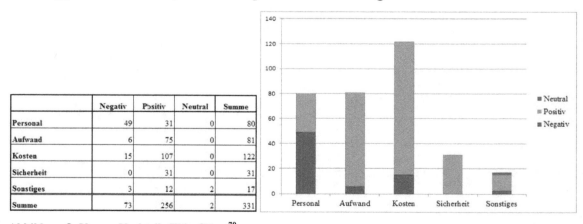

	Negativ	Positiv	Neutral	Summe
Personal	49	31	0	80
Aufwand	6	75	0	81
Kosten	15	107	0	122
Sicherheit	0	31	0	31
Sonstiges	3	12	2	17
Summe	73	256	2	331

Abbildung 8: Vor- u. Nachteile Thin Client[79]

Mit 107 Nennungen und somit etwa 42 Prozent aller positiven Anmerkungen der Autoren ist der Bereich Kosten am größten. Die Mehrheit der Autoren bescheinigten somit der Thin Client Architektur gewisse Kostenvorteile. Die zusätzlichen Ausgaben für einen evtl. notwendigen Ausbau der Netzwerkinfrastruktur aufgrund eines erhöhten

---

[79] Eigene Darstellung

Netzwerkaufkommens und die hohen Server- und Lizenzkosten wurden mit jeweils sechs Nennungen als die größten Kostenverursacher genannt. Hinzu kamen noch drei Nennungen, die die hohen Umstellungskosten auf diese Strategie bemängelten, und sonstige Einzelmeldungen. An zweiter Stelle der positiven Kriterien rangiert mit etwa 29 Prozent der Bereich der Aufwände. Bei den wenigen Negativmeldungen in diesem Bereich handelt es sich zum größten Teil um Einzelnennungen. Allein die Notwendigkeit, einige Softwareprodukte anpassen zu müssen, wurde zwei Mal genannt. Die Anzahl der positiven Meldung verzeichnete im Bereich der Sicherheit sogar ein noch deutlicheres Ergebnis. Bei diesem Schwerpunkt wurde keine einzige negative Aussage in den Literaturquellen durch die Experten genannt. Anders hingegen stellt sich das Ergebnis der Auswertung in der Personalsäule dar. Mit ca. 67 Prozent aller negativen Meldungen ist in diesem Bereich die absolute Mehrheit der Nachteilsnennungen enthalten. Einen großen Anteil dieser Meldungen stellt hierbei unter anderem die fehlende Offlinefunktionalität dar. Hinzu kommen die eingeschränkten Einsatzgebiete dieser Technologie in den unterschiedlichen Arbeitsumfeldern, wie beispielsweise im Entwicklungsbereich, und die Weigerung der Mitarbeiter, mit Thin Clients zu arbeiten. Als vorteilhaft dagegen wurde die Qualität der angebotenen standardisierten Benutzeroberflächen und deren Zugangsmöglichkeiten beschrieben. Des Weiteren wird durch die Experten von einer erhöhten Produktivität, beispielsweise durch schnellere Bootzeiten oder geringere Updatezeiten, ausgegangen. Der sonstige Bereich liegt für das Thin Client Thema mit etwa 5,1 Prozent zwar über dem Ergebnis der BYOD Auswertung, dennoch stellt er nur einen sehr geringen Anteil am Gesamtergebnis dar.

Abschließend zeigt das Ergebnis der Thin Client Auswertung ein relativ klares Bild. Innerhalb der Artikel haben sich die Fachleute überwiegend positiv für die Thin Client Architektur ausgesprochen. Die Stärken dieser Strategie liegen demzufolge in den Bereichen Sicherheit, Aufwand und Kosten, wohingegen die meisten Bedenken und Nachteile im Personalbereich zu finden sind.

4.4.3   Vergleich zwischen Thin Client und BYOD Architektur

Die vorangegangen Auswertungen der beiden Literaturrecherchen zeigen die jeweiligen Stärken und Schwächen der BYOD und Thin Client Architektur. Für eine bessere Übersicht werden diese nun in diesem Abschnitt einander gegenübergestellt und verglichen. Des Weiteren wird damit das Ziel verfolgt, die Stellung der klassischen PC Arbeitsplatzumgebung zu identifizieren. Wie bereits unter 4.2 erwähnt wurde für diese Variante keine separate Recherche durchgeführt, da sich die Vergleichskriterien und deren Wertung aus den Ergebnissen der anderen beiden Recherchen ergeben. Für die Gegenüberstellung ist die nachfolgende Abbildung 9 erstellt worden.

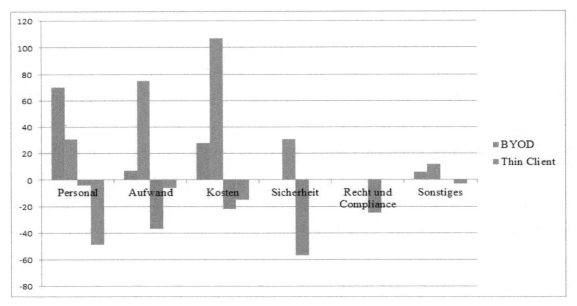

Abbildung 9: Vergleich BYOD und Thin Client Kriterien[80]

Die Grafik wird dabei in zwei Bereiche unterteilt. Der positive Bereich, der die jeweiligen Vorteile der unterschiedlichen Strategien anzeigt, reicht von 0 bis 120. Das Gegenstück dazu reicht von 0 bis -80 und visualisiert die Summe der negativen Nennungen. Für diesen Vergleich wurden die neutralen Nennungen nicht in Betracht gezogen, da diese nicht als eindeutige Vor- oder Nachteile gewertet werden konnten und deshalb für die Wertung der klassischen PC Umgebung nicht verwendbar waren. Aufgrund der teilweise unterschiedlichen Meinungen zu einem Themenschwerpunkt, für eine bestimmte Strategie, lassen sich durch diese Gegenüberstellung zum Teil nur gewisse Tendenzen erkennen. Eine definitive Aussage über den Stellenwert der klassischen PC Architektur lässt sich folglich nur im Detail klären. Trotzdem können die Tendenzen für die spätere Aufstellung des morphologischen Kastens von Nutzen sein.

Dies zeigt sich zum Beispiel im Bereich der Sicherheit. Die ausgewerteten Fachzeitschriften zeigen hier ein eindeutiges Bild. Dabei wird die Thin Client Technologie von allen Experten als sicherer angesehen als ein klassisches Modell. Zugleich wird das BYOD Modell als Sicherheitsrisiko und somit potentiell unsicherer als die herkömmliche Methode betrachtet. Anhand dieser Ergebnisse lässt sich also die altbekannte Methode der Unternehmensgeräte in üblichen Client-Server-Netzen im Bereich der Sicher-

---

[80] Eigene Darstellung

heit zwischen den beiden Trends einstufen. Etwas schwieriger gestaltet sich diese Ver-
gleichsmethodik jedoch in den anderen Bereichen. So bestehen schon innerhalb der
BYOD Auswertung Diskrepanzen bei dem Thema Kosten. Es kann keine klare Aussage
getroffen werden, ob BYOD tatsächlich günstiger ist als eine übliche Architektur. Aufgrund der deutlichen Anzahl an Nennungen des Kostenvorteiles, die für die Thin Client
Methode genannt wurden, lässt sich hieraus zumindest dennoch eine gewisse Einstufung des PC Modells ableiten. In diesem sowie anderen Bereichen wird eine Detailbe-
trachtung bzw. Argumentation bei der Erstellung des morphologischen Kastens Aufschluss bringen. Anders als beim Kostenvergleich ist bei den Aufwänden wiederum ein
klarer Trend erkennbar. Demnach lassen sich mit einer Thin Client Lösung viele übliche
Aufwände sparen, während das BYOD Modell tendenziell mehr Aufwand als eine klassische Implementierung verursacht. Bei dem Thema Personal kann ebenfalls ein gewisser Trend abgeleitet werden. Hier bietet die BYOD Methodik klare Vorteile gegenüber
den Unternehmensgeräten. Für die Thin Client Architektur ist das Ergebnis bei diesem
Schwerpunkt nicht so eindeutig. Zwar lässt sich auch hier eine Tendenz des negativen
Einflusses auf den Personalbereich erkennen, jedoch existieren hier auch einige positive
Aspekte. Demzufolge besitzt der herkömmliche PC Einsatz einen sichtbaren Nachteil
im Personalbereich gegenüber dem Einsatz privater Geräte. Gleichzeitig lässt sich aber
nur eine leichte positive Tendenz im Vergleich zu einer Thin Client Lösung erkennen.
Betrachtet man nun das Thema Recht und Compliance, stellt man fest, dass es sich hier
ausschließlich um eine Problematik des BYOD Konzeptes zu handeln scheint. Im Gegensatz zu einer Standard PC Lösung herrschen hier einige Schwierigkeiten. Anhand
der fehlenden Nennung bei der Thin Client Auswertung lässt sich schließen, dass auch
diese Technologie hier einen Vorteil gegenüber der BYOD Logik besitzt. Die geringe
Anzahl an Nennungen und die hohe Varianz der genannten Argumente im sonstigen
Bereich machen einen Vergleich der unterschiedlichen Technologien hier nicht möglich.

Betrachtet man nun nochmals das Vergleichsergebnis aus Abbildung 9, kann man daraus ableiten, dass ein Thin Client Konzept führend in den Bereichen Aufwand, Kosten
und Sicherheit ist, während BYOD vor allem bei den Personalkriterien die meistge-
nannten Vorteile besitzt. Zur besseren Veranschaulichung wurde dieses Ergebnis in
nachfolgender Tabelle 1 nochmals dargestellt.

Rang	Personal	Aufwand	Kosten	Sicherheit	Recht und Compliance	Sonstiges
1	BYOD	Thin Client	?	Thin Client	Thin Client / PC	k.A.
2	PC	PC	?	PC	Thin Client / PC	k.A.
3	Thin Client	BYOD	?	BYOD	BYOD	k.A.

Tabelle 1: Technologien Rangeinstufung[81]

In dieser Tabelle sind die jeweiligen Vergleichstechnologien aufgeführt. Entsprechend der Analyseergebnisse wurde diesen Methoden ein gewisser Rang zugewiesen. Dieser Rang gibt Aufschluss über die Stellung der Architekur im jeweiligen Themenschwerpunkt. Dabei bezeichnet der erste Rang die Architekturlösung, die von den meisten Experten als vorteilhaft angesehen wird, gefolgt von dem zweiten Rang, der sich als Ergebnis der beiden Vergleichsanalysen ergibt und die mittlere Position darstellt. Der dritte Rang stellt dementsprechend die Technologie dar, welche im Vergleich die meisten Kritikpunkte zu einem Schwerpunkt erhalten hat. Die Tabelle spiegelt dabei die bereits beschriebene Argumentation des Vergleiches wieder.

Beim Thema Sicherheit konnte also eindeutig die Thin Client Lösung als sicherste Variante eingestuft werden, während BYOD als die unsicherste gilt. Der zweite Rang für die PC Variante ergibt sich demnach aus dieser Erkenntnis. Bei dem Thema Kosten war eine Einstufung in einen Rang nicht möglich. Zwar lässt sich anhand der Expertenmeinung sagen, dass die Thin Client Lösung in der Regel eine günstigere Kostensituation gegenüber einer herkömmlichen Variante besitzt, jedoch ist unklar ob eine BYOD Lösung trotz der genannten Kosten ebenfalls günstiger sein kann. Die übliche PC Variante könnte also auf Platz zwei oder drei rangieren. Theoretisch ist es demnach auch möglich, dass das Thin Client Modell auf den Rängen eins oder zwei platziert sein könnte. Um hier jedoch eine klare Aussage treffen zu können, würde es einer separaten Untersuchung bedürfen, die sich ausschließlich mit einem Kostenvergleich beschäftigen müsste. Dies ist jedoch aufgrund des Umfanges dieser Arbeit nicht möglich.

Auch das Thema Recht und Compliance besitzt keine hundertprozentige Rangeinstufung. Aufgrund der fehlenden Argumentation bzw. Kriterien bei der Thin Client Lösung ist nicht klar, ob eine PC Lösung auf Rang eins oder zwei einzuordnen ist. Man kann jedoch die Annahme treffen, dass bei beiden Lösungen keine unterschiedlichen rechtlichen Probleme bestehen, da es sich in beiden Fällen um Firmengeräte handelt und somit eine ähnliche Rechtslage vorliegt. Aus diesem Grund

---

[81] Eigene Darstellung

wurden beide Lösungen für die Ränge eins und zwei bestimmt. Während der Bereich sonstiges aus den oben genannten Gründen nicht bewertet und mit Rangstufen versehen worden ist, wurde bei der Personalsparte, trotz der nur leichten Tendenzen der Thin Client Architektur, eine eindeutige Einstufung durchgeführt. Ursächlich hierfür war eine zusätzliche Betrachtung des Gesamtergebnisses und eine intensivere Auseinandersetzung mit den schwer zu bewertenden Ergebnisse der Thin Client Architektur im Bereich des Personals. Die inhaltlichen Probleme der Thin Client Architetkur im Personalbereich, wie beispielsweise Ablehnung durch die Mitarbeiter oder eingeschränkte Einsatzmöglichkeiten, die bei einer herkömlichen Methode nicht vorliegen, führten zu der Einstufung des Thin Client Modells auf Rang drei.

Die bisherigen Auswertungen der einzelnen Technologien geben in diesem Zusammenhang zwar Auskunft über die Meinungen der Experten innerhalb der einzelnen Themenschwerpunkte, jedoch geben sie keinerlei Aufschluss über die Gewichtung der einzelnen Themenbereiche. Trotz der vielen Vorteile einer Thin Client Strategie in Bezug auf Aufwand, Kosten und Sicherheit hat sich dieses seit ca. 10 Jahren bestehende Konzept bisher zumindest in Deutschland noch nicht sehr stark verbreitet, was eine Statistik des Bundesverbandes für Informationswirtschaft, Telekommunikation und neue Medien e.V. über die Anzahl der Arbeitsplatzcomputer aus dem Jahr 2010 belegt.[82]

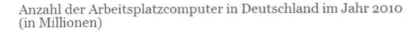

Anzahl der Arbeitsplatzcomputer in Deutschland im Jahr 2010 (in Millionen)

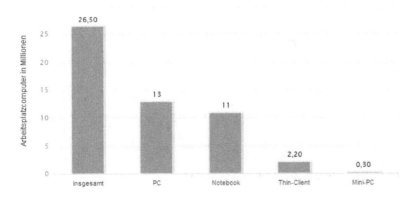

Abbildung 10: Statistik Arbeitsplatzcomputer[83]

Der Thin Client Anteil aller verwendeten Arbeitsplatzcomputer in Deutschland liegt laut Statistik hierbei nur bei 8,3 Prozent. Laut Schätzungen soll sich dieser Anteil bis zum Jahr 2020 zwar auf 15,7 Prozent erhöhen, was gemessen am Gesamtergebnis dennoch

[82] BITKOM, 2011, S. 1
[83] BITKOM, 2011, S. 1

eher als gering eingestuft werden kann.[84] Eine Erklärung hierfür könnten die Ergebnisse der Analyse liefern. Gerade im Personalbereich wurden für das Thin Client Modell die meisten Nachteile genannt. Die bereits unter 4.4.2 beschriebenen Aspekte wurden demnach auch als wichtigste Gegenargumente für dieses Konzept interpretiert. Auch deshalb wurde, trotz einiger Vorteile im Personalbereich, diese Technologie auf Rang drei eingestuft.

5 Erstellung des morphologischen Kastens

Die Erstellung des morphologischen Kastens steht im Mittelpunkt dieses Kapitels. Hierfür liefern die vorangegangenen Literaturrecherchen und deren Ergebnisse die benötigte Basis an bestimmenden Parametern, die für eine Architekturentscheidung von Bedeutung sind. Durch die Aufstellung des morphologischen Kastens und dessen Bewertung soll es Entscheidungsträgern einfacher sein, die richtige Architektur für ihr Unternehmen zu finden. Anhand der Kombinationsmöglichkeiten der bestimmenden Parameter wird somit auch eine Gewichtung der einzelnen Kriterien ermöglicht, die bisher durch die vorangegangen Anlayse nur innerhalb der einzelnen Schwerpunkte ersichtlich war. Wie bereits im vierten Kapitel geschehen, werden auch im fünften Kapitel einige Schritte, die zur Erstellung des morphologischen Kastens von Nöten sind, zusammengefasst.

5.1 Auswahl der bestimmenden Parameter

Zu Beginn der Erstellung des morphologischen Kastens wurden zunächst die Schritte 1 und 2, der unter 3.4 beschriebenen Stufen zusammengefasst. Als einleitende Forschungsfrage steht die Suche bzw. Identifikation der richtigen Client Architektur für ein beliebiges Unternehmen im Vordergrund. Aus Sicht des Entscheidungsträgers könnte sich die Frage also wie folgt ableiten:

- Welche Client Architektur eignet sich für mein Unternehmen am Besten?

Die Beantwortung dieser Frage und somit die Ableitung bestimmender Parameter ergibt sich aus den vorrangegangen Suchen nach den jeweiligen Vor- und Nachteilen der ausgewählten Architekturkonzepte. Wie bereits im Schritt 3.4 erläutert sollten diese

---

[84] Fichter und Clausen und Hintemann, o.J., S. 27

Parameter gewisse Voraussetzungen erfüllen, um für die Verwendung solch einer Methode passend zu sein. So sollten sich diese Parameter beispielsweise nicht gegenseitig beeinflussen. Aus diesem Grund wurde zunächst eine Überprüfung der gefundenen Themenschwerpunkte durchgeführt. Einen vergleichenden Überblick der Analyseergebnisse zeigt indes nachfolgende Tabelle Nummer 2.

Themenschwerpunkt	BYOD			Thin Client			
	Positiv	Negativ	Neutral	Positiv	Negativ	Neutral	Summe
Personal	70	4	22	31	49	0	176
Aufwand	7	37	8	75	6	0	133
Kosten	28	22	0	107	15	0	172
Sicherheit	0	57	0	31	0	0	88
Recht und Compliance	0	25	1	0	0	0	26
Sonstiges	6	0	0	12	3	2	23
Summe	111	145	31	256	73	2	618

Tabelle 2: Übersicht Themenschwerpunkte[85]

Die Tabelle stellt eine Zusammenfassung aller positiven, negativen und neutralen Nennungen der Experten aus der Literaturrecherche dar. Des Weiteren wurden die einzelnen Nennungen beider Technologien für jeden Themenschwerpunkt aufsummiert. Diese Aufsummierung lässt die Bedeutung des einzelnen Schwerpunktes erkennen, der für eine Entscheidung ausschlaggebend sein könnte. Die Themen Personal, Aufwand und Kosten sind mit jeweils über 20 Prozent die am häufigsten genannten Bereiche. Gefolgt von dem Bereich Sicherheit mit etwa 14 Prozent. Die Themen Sonstiges, Recht und Compliance machen zusammen nur knapp 7,9 Prozent am Gesamtergebnis aus. Wie bereits beschrieben ist jedoch nicht alleine die Quantität der Nennungen eines bestimmten Themenschwerpunktes für eine Architekturentscheidung ausschlaggebend. Dennoch lässt sich daraus eine Tendenz erkennen, was die Spezialisten als entscheidend ansehen. Aufgrund der schwierigen Vergleichbarkeit, der Exklusivität des Themas Recht und Compliance, der teilweise hohen Varianz der einzelnen Nennungen im Bereich Sonstiges und dem prozentual geringen Anteil dieser beiden Bereiche am Gesamtergebnis, wurden diese nicht als bestimmende Parameter bei einer Architekturauswahl gewertet. Stattdessen richtete sich die weitere Konzentration auf die Bereiche Personal, Aufwand, Kosten und Sicherheit. Gegen die Verwendung des Schwerpunktes Kosten sprachen unter anderem die mangelnden Informationen, die bezüglich der Kostensituation der BYOD Strategie vorlagen. Neben den fehlenden Informationen sprach des Weiteren auch eine mögliche Abhängigkeit bzw. Beeinflussung der Kosten von anderen

---

[85] Eigene Darstellung

Parametern gegen diese Auswahl. Generell eignet sich die Verwendung der möglichen Kosten nicht für die Anwendung der morphologischen Methode, da der Kostengedanke die Kreativität bei der Suche nach neuen Lösungen einschränkt und oft die bereits erwähnte Unabhängigkeit nicht vorliegt.[86] Dies gilt jedoch besonders bei der Suche nach neuen kreativen Ideen, beispielsweise bei der Produktinnovation oder Verbesserung.[87] Bei der Auswahl einer geeigneten Client Architektur ist für einen Entscheidungsträger das Thema Kosten dennoch von Bedeutung, was die große Anzahl an Nennungen belegt. Hinzu kommt, dass der morphologische Kasten in diesem Fall nicht der Findung neuer Ideen oder Kombinationsmöglichkeiten dient, sondern für die Unterstützung bei der Auswahl bestehender Konzepte verwendet wurde. Der enge Zusammenhang zwischen Aufwänden und Kosten, die beide einen Werteverzehr im Unternehmen darstellen, ermöglichte somit auch die Berücksichtigung der Kosten bei der späteren Erstellung des morphologischen Kastens.[88] Zu diesem Zweck wurden die Aufwände und Kosten in einen Parameter zusammengefasst.

5.2 Aufstellung des morphologischen Kastens

Bevor nun mit der Aufstellung des morphologischen Kastens begonnen werden kann, müssen zunächst die Ausprägungen der definierten Parameter festgelegt werden. Dies geschieht, wie von dem Erfinder der Methode Fritz Zwicky definiert, im dritten Arbeitsschritt. Hierbei gilt es, für die Parameter Personal, Sicherheit und für die Kombination der Aufwände und Kosten diese Ausprägungen festzulegen.

Betrachtet man zunächst die Analyseergebnisse des Personalthemas, wurden hier Punkte wie beispielsweise Flexibilität, Einsatzmöglichkeiten, Produktivität und die Einstellung der Mitarbeiter zu einer gewissen Technologie genannt. Gerade im Bezug auf diese Punkte stellt sich für einen Entscheider die Frage, für welche Art von Tätigkeiten er Mitarbeiter im Unternehmen einsetzt. Die fehlende Mobilität einer Thin Client Architektur macht diese beispielsweise ungeeignet für Mitarbeiter, die sich oft auf Reisen befinden und dabei für ihre Arbeit einen mobilen Computer benötigen. Thin Clients eignen sich deshalb auch nicht für jedes Unternehmen.[89] Diese Tatsache macht eine Unterscheidung der jeweiligen Mitarbeiter und deren Aufgabengebiete für die

---

[86] Magiera, 2009, S. 52
[87] Magiera, 2009, S. 53
[88] Dörrie und Preissler, 2004, S. 43ff
[89] Strassmann, 2008, S. 27

Auswahl einer Technologie erforderlich. Die Autoren Robert Vogel, Tarkan Koçoğlu und Thomas Berger differenzieren die Mitarbeiter eines Unternehmens beispielsweise in fünf verschiedene Nutzerklassen. Diese ursprünglich von der Garnter Group stammende Einteilung bezeichnet laut Autoren die gebräuchlichste Form der Nutzerklassifikation.[90] Bei dieser Betrachtung kommt es zu folgender Unterscheidung und Definition der Anwendergruppen:

- High Performance Workers

  Als High Performance Workers werden Arbeitnehmer bezeichnet, die eine hohe Abhängigkeit von IT haben und geschäftskritische Aufgaben erledigen. Deren Ausfall verursacht im Unternehmen hohe Kosten. Im Normalfall benötigen diese Mitarbeiter eine spezialisierte, ausfallsichere IT-Plattform inklusive einer enstprechenden Applikationslandschaft, in Verbindung mit einer größeren Nachfrage an spezifischen Support. Diese Mitarbeiter besitzen oft ein fundiertes IT-Wissen und setzen eine hohe Leistung und Zuverlässigkeit für ihre IT-Infrastruktur voraus. Dies können beispielsweise Softwareentwickler, Grafikdesigner oder Devisenhändler sein.

- Knowledge Workers

  Die Bezeichnung Knowledge Workers trifft laut Definition der Autoren auf Mitarbeiter zu, die Informationen für das Unternehmen sammeln und für spätere Entscheidungsprozesse anreichern. Ihnen wird ebenfalls eine hohe Abhängigkeit von der IT bescheinigt, deren Ausfall hohe Kosten verursacht. Diese Mitarbeiterklasse beschäftigt sich hauptsächlich mit Projekten und flexiblen Aufgabengebieten. Typische Mitarbeiter dieser Klasse arbeiten im Projektmanagement, Marketing oder Finanz-Analyse-Management.

- Mobile Workers

  Eine weitere Nutzerklasse wird von den Verfassern als Mobile Workers bezeichnet. Dabei handelt es sich um Arbeitnehmer, die den Großteil ihrer täglichen Arbeit außerhalb des Firmengeländes verbringen. Die Zugänge zum Firmennetz und den Unternehmensdaten geschehen teilweise durch öffentliche Hot Spots. Diese Mitarbeiter sind im Bezug auf die Sicherheit und Wartbarkeit

---

[90] Vogel und Koçoğlu und Berger, 2010, S. 30–32

der Geräte die größte Herausforderung für eine IT-Abteilung. Es handelt sich hier etwa um Außendienst- und Vertriebsmitarbeiter, oder um Kundenberater.

- Task Workers

  Hierbei handelt es sich um eine Nutzergruppe, die wiederholende Tätigkeiten zum Beispiel innerhalb eines Work-Flow-Prozesses durchführt. Der Prozess ist hier ausschlaggebend für die IT-Abhängigkeiten. Bei einem Ausfall der IT sind in der Regel mehrere Mitarbeiter betroffen, was ursächlich für hohe entstehende Kosten sein kann. Beispiele für diese Klasse sind typischerweise Sachbearbeiter oder Innendienst Mitarbeiter in einem Unternehmen.

- Data Entry Workers

  Die letzte Nutzerklasse wird Data Entry Workers genannt. Es handelt sich hierbei um eine Personengruppe, deren Aufgabe die Eingabe oder Änderung div. Daten in einem Computersystem darstellt. Dies können Produktionsmitarbeiter, Personen im Bestellwesen oder im Wareneingang sein.

Anhand dieser Nutzergruppierungen ist es dem Entscheider möglich, die für ihn passende Auswahl treffen zu können. Diese Einteilung stellt somit die Ausprägungen des Parameters Personal da.

Als zweiter Parameter werden nun die entsprechenen Charakteristika zum Thema Sicherheit spezifiziert. Durch die unterschiedlichen Sicherheitsmerkmale der einzelnen Technologien ist die Bestimmung des Schutzbedarfes der Informationen innerhalb eines Unternehmens erfoderlich. Die Bestimmung des eigenen Schutzbedarfes erfordert jedoch eine vorangehende Analyse. Der Schutzbedarf richtet sich in der Regel nach dem Ausmaß möglicher entstehender Schäden. Die Höhe dieser Schäden ist jedoch häufig sehr schwer zu bestimmen bzw. zu ermitteln.[91] Das Bundesamt für Sicherheit in der Informationstechnik bietet zu diesem Zweck Leitfäden für die eigene Schutzbedarfsfeststellung und somit für die Erstellung eines Sicherheitskonzeptes an. Durch den schwer quantifizierbaren Schutzbedarf in Bezug auf Vertraulichkeit, Integrität und Verfügbarkeit empfiehlt das Bundesamt eine qualitative Einteilung in drei Schutzbedarfskategorien. Diese Kategorien werden durch das Bundesamt wie folgt bezeichnet:[92]

---

[91] Bundesamt für Sicherheit in der Informationstechnik, o.J., S. 1
[92] Bundesamt für Sicherheit in der Informationstechnik, o.J., S. 49–51

- Normal

  Unter der normalen Schutzbedarfskategorie versteht das Bundesamt Schadensauswirkungen, die begrenzt und überschaubar sind. In diesem Zusammenhang bleiben finanzielle Schäden für das Unternehmen kalkulierbar. Es ist bei Sicherheitsproblemen nur mit einer geringen bzw. internen Beeinträchtigung des Vertrauens an das Unternehmen zu rechnen. Die maximal tolerierbare Ausfallzeit der betroffenen Mitarbeiter ist größer als 24 Stunden. Die Beeinträchtigung wird durch die Betroffenen toleriert. Vertragsverletzungen oder Gesetzesverstöße haben nur geringfügige Konsequenzen. Die verarbeiteten Daten können Betroffene in ihrer gesellschaftlichen Stellung oder ihren wirtschaftlichen Verhältnissen nur geringfügig beeinträchtigen.

- Hoch

  Entgegen der normalen Einstufung wird die Schutzbedarfskategorie „hoch" bereits mit beträchtlichen Schadenswirkungen definiert. Das finanzielle Ausmaß wird als beachtlich, jedoch nicht als existensbedrohend eingestuft. Es ist mit einem breiten Ansehensverlust in der Innen- und Außenwirkung zu rechnen. Die tolerierbaren Ausfallzeiten der Betroffenen liegen zwischen einer und 24 Stunden. Einzelne Betroffene würden den Ausfall als intolerierbar bezeichnen. Der Verstoß gegen Verträge und Gesetze hätte erhebliche Konsequenzen für das Unternehmen. Die gesellschaftliche bzw. wirtschaftliche Beeinträchtigung für die Betroffenen eines möglichen Datenverlustes wäre erheblich.

- Sehr Hoch

  Katastrophal und existenzbedrohend werden Schäden bezeichnet, die unter die Schutzbedarfskategorie „sehr hoch" fallen. Dies gilt sowohl für die finanziellen Auswirkungen, als auch für die Verletzung von Gesetzen und Verträgen. Die Außenwirkung des Unternehmens wird landesweit existenzgefährdend beeinträchtigt. Der Verlust der verarbeiteten Daten gefährdet die persönliche Freiheit oder Leib und Leben der Betroffenen. Eine Ausfallzeit wird höchsten von weniger als einer Stunde toleriert.

Die durch das Bundesamt definierten Schutzbedarfskategorien sollen als Grundlage der Parameterausprägung des Themenschwerpunktes Sicherheit dienen. Die jeweiligen Klassen stellen auch in diesem Fall wieder eine gewisse Orientierungshilfe für die Entscheidungsträger dar.

Die Kombination aus Aufwand und Kosten bildet den letzten bestimmenden Parameter, für den eine Festlegung der möglichen Ausprägungen notwendig war. Der Betrieb jeder Client Architektur ist mit gewissen Aufwänden und Kosten verbunden. So lohnt sich beispielsweise, wie bereits einleitend erwähnt, der Betrieb einer Thin Client Architektur laut einer Untersuchung des Fraunhofer Institutes mittelfristig erst bei einem Einsatz von ca. 40 bis 50 Arbeitsplätzen[93]. Des Weiteren zeigen auch die Rechercheergebnisse, dass von vielen Experten mit erhöhten Aufwänden bei der Implementierung einer BYOD Strategie gerechnet wird. Die Wahl der richtigen Client Lösung hängt demzufolge von der Anzahl der Arbeitsplätze in einem Unternehmen, den verfügbaren finanziellen Mitteln und dem tolerierbaren Aufwand beim Einsatz einer Technologie ab. Vor allem letzteres muss durch einen Entscheidungsträger bedacht werden. Die Definition, Überprüfung und Anpassung von sicherheitsrelevanten Policys oder technischen Gegebenheiten erfordert einen gewissen Arbeitsaufwand eines Mitarbeiters. Dies könnte besonders in kleinen Unternehmen problematisch werden, die diese Stunden nicht kompensieren können. Für die Klassifizierung des Unternehmens soll eine Empfehlung der Kommisson der Europäischen Gemeinschaft dienen, die Unternehmen unter Berücksichtigung der folgenden Merkmale gruppiert.

Größenklasse	Beschäftigte	Jahresumsatz
Kleinstunternehmen	bis 9	und bis 2 Mill. EUR
Kleine Unternehmen[1]	bis 49	und bis 10 Mill. EUR
Mittlere Unternehmen[2]	bis 249	und bis 50 Mill. EUR
Großunternehmen	über 249	oder über 50 Mill. EUR

[1] und kein Kleinstunternehmen
[2] und kein kleines oder Kleinstunternehmen

Abbildung 11: Unternehmensgrößen[94]

Die Unterteilung der Unternehmen erfolgt nach der Empfehlung unter Berücksichtigung der Anzahl an Mitarbeitern und dem erzielten Jahresumsatz. Für die Aufstellung des morphologischen Kastens wurde jedoch eine Anpassung dieser Empfehlung durchge-

---

[93] Köchling und Knermann, 2008, S. 109
[94] Statistisches Bundesamt, 2012, S. 1

führt. Es erfolgte eine Zusammenfassung der Kleinstunternehmen und der kleinen Unternehmen bzw. wurde für die weitere Betrachtung die Klassifizierung der Kleinstunternehmen nicht weiter berücksichtig. Grund dafür waren die fehlende Information der Kostensituation der BYOD Strategie. Es konnte also nicht gesagt werden wann und unter welchen Umständen diese Strategie einen Kostenvorteil bietet. Des Weiteren herrscht keine klare Aussage wie hoch genau die jeweiligen Aufwände für eine Strategie sind, obwohl das unter 4.4.3 durchgeführte Ranking einen Hinweis darauf gibt. Anhand der erzielten Rechercheergebnisse erschien deshalb eine Unterscheidung zwischen diesen beiden unteren Klassen als zu differenziert.

Nachdem nun die Ausprägungen der bestimmenden Parameter definiert wurden, erfolgte die Erstellung des morphologischen Kastens. Dieser besteht, wie in Abbildung 12 erkennbar, aus insgesamt 45 Schubladen und somit Kombinationsmöglichkeiten.

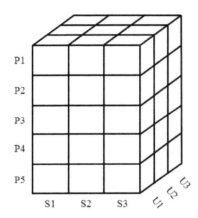

Abbildung 12: Morphologischer Kasten in Anlehnung an Zwicky[95]

Zur einfacheren Darstellung wurden für die Eigenschaften der Bestimmungsparameter nachfolgende Abkürzungen gewählt. Dem Parameter Personal mit dessen jeweiligen Mitarbeitergruppierungen entsprechen die Ausprägungen:

- P1 = High Performance Workers
- P2 = Knowledge Workers
- P3 = Mobile Workers
- P4 = Task Workers
- P5 = Data Entry Workers

---

[95] Zwicky, 1972, S. 136

Der zweite Parameter charakterisiert die Sicherheitsstufen bzw. den Sicherheitsbedarf in den Klassen:

- S1 = Normal
- S2 = Hoch
- S3 = Sehr Hoch

Der letzte Paramer, der bestimmend für die Unternehmensgröße und dessen Umsatz ist und somit eine wichtige Rolle für das Aufwands- und Kostenthema einnimmt, wird folgendermaßen deklariert:

- U1 = Kleines Unternehmen
- U2 = Mittleres Unternehmen
- U3 = Großunternehmen

5.3 Morphologischer Kasten als Entscheidungshilfe

Mit der Definition aller Parameterausprägungen, deren Zuweisung und der Erstellung des morphologischen Schemas kann nun mit der Bewertung der einzelnen Technologien begonnen werden. Der vervollständigte morphologische Kasten unterstützt somit den Entscheidungsträger bei der Wahl einer geeigneten Client Architektur. Hierzu müssen von diesem zunächst die bestimmenden Parameter, die für sein Unternehmen zutreffen, ausgewählt werden. Anschließend ist die Handlungsempfehlung und die entsprechende Begründung aus dem Kasten abzulesen. Um für eine bessere Übersicht zu sorgen, wird der morphologische Kasten in drei einzelne Matrizen zerlegt. Diese bestehen aus den Parametern Personal und Sicherheit. So entstehen insgesamt drei Matrizen, die für jeweils eine Ausprägung des Unternehmensparameters stehen.

5.3.1 Allgemeine Abgrenzungen

Durch die Ergebnisse des Literaturreviews und das anschließend durchgeführte Ranking der identifizierten Schwerpunkte konnten einige allgemeingültige Empfehlungen abgeleitet werden. Diese sind unabhängig davon, um welche Unternehmensgröße es sich handelt.

Zu nennen sind hier vor allem die Sicherheitsbedenken, die von vielen Experten zum Thema BYOD genannt wurden. Als Folge dieser Bedenken wird die BYOD Strategie für Unternehmen mit einem sehr hohen Sicherheitsbedarf generell nicht empfohlen.

Dabei spielt die Größe des Unternehmens keine Rolle. Denn trotz zahlreicher Verbesserungen und verschiedener Sicherheitsvarianten auf diesem Sektor sehen Experten einen ausreichenden Schutz als nicht gegeben an.[96] Einige Experten teilen sogar die Ansicht, dass BYOD aus Sicherheitsgründen generell untersagt werden sollte.[97] Ein weiterer Technologieausschluss gilt für die Thin Client Technologie bei dem Einsatz mobiler Mitarbeiter. Zwar existieren inzwischen auch mobile Thin Clients, die einem normalen Notebook äußerlich ähneln, diese aber dennoch eine Verbindung ins Firmennetz benötigen. Die Daten befinden sich bei dieser Lösung nach wie vor auf einem Unternehmensserver.[98] Das macht einen mobilen Einsatz in vielen Situationen äußerst schwierig. So wäre es beispielsweise für einen Außendienstmitarbeiter oder Kundenberater von Nachteil, wenn er sich in einer Situation ohne ausreichende Netzabdeckung befinden würde. Eine große Verbreitung dieser Möglichkeit war zusätzlich nicht erkennbar. Das Thin Client Modell wird ebenso generell bei dem Bedarf bzw. Einsatz von High Performance Workers ausgeschlossen. Diese benötigen laut Definition eine hoch spezialisierte IT-Umgebung und Anwendungen, mit einer hohen Nachfrage an speziellen Support. Das Thin Client Konzept hingegen sieht eine standardisierte Arbeitsumgebung vor. Fehlende Flexibilität und beschränkte Einsatzmöglichkeiten widersprechen dabei den Anforderungen dieser Nutzergruppe. Hinzu kommt die Abneigung der meisten Anwender gegen diese Technologie. Doch gerade für die Leistungsträger im Unternehmen versuchen Firmen sehr viele Wünsche an das Arbeitsumfeld zu erfüllen, was ebenfalls gegen den Thin Client Einsatz spricht.

5.3.2 Morphologische Matrix für kleine Unternehmen

Die erste Matrix fasst die Ergebnisse der vorangegangenen Untersuchung der Fachliteratur und der darin enthalten Expertenmeinungen zusammen. Sie dient als unterstützendes Hilfsmittel bei der Auswahl einer geeigneten Client Architektur für Entscheidungsträger, die in kleinen Unternehmen arbeiten. Diese entsprechen der Definition aus Punkt 5.2 und der Parameterausprägung U1. Die Handlungsempfehlungen für diese Entscheidergruppe lassen sich aus Abbildung 13 ablesen.

---

[96] Zielinski, 2012, S. 71–74
[97] Ashford, 2012, S. 4–5
[98] Wyse, o.J., S. 1

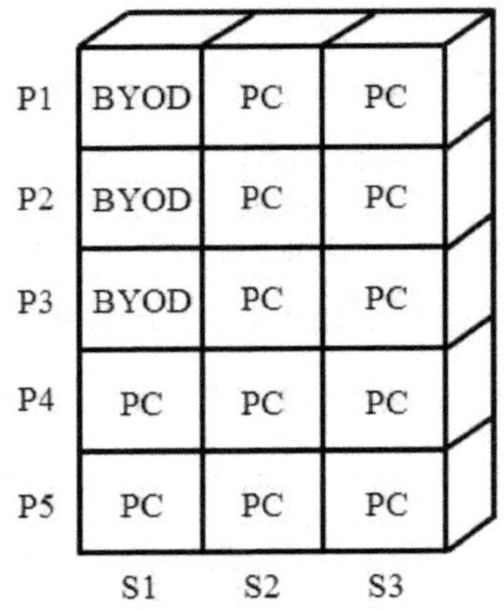

Abbildung 13: Entscheidungshilfe für kleine Unternehmen[99]

Wie die Grafik zeigt, wird für kleine Unternehmen, unabhängig davon, welche Mitarbeiter sie beschäftigen und welchen Schutzbedarf das Unternehmen für sich sieht, die Thin Client Technologie nicht empfohlen. Dies hängt vor allem mit der Wirtschaftlichkeitsbetrachtung des Fraunhofer Institutes aus dem Jahre 2008 zusammen. In dieser Betrachtung vergleicht das Institut den Einsatz eines Thin Client Modells mit einer herkömmlichen PC Architektur. Berücksichtigt wurden unter anderem die Beschaffungs- und Betriebskosten, sowie die Kosten für die Außerbetriebnahme. Der umfassende Vergleich beinhaltet auch die einzelnen Mitarbeiteraufwände, wie beispielsweise die Terminkoordination oder die Wegezeiten des notwendigen IT-Technikers.[100] Das Ergebnis dieses Vergleiches zeigt einen wirtschaftlich sinnvollen Einsatz der Thin Client Architektur ab einer Stückzahl von 40 bis 50 Arbeitsplätzen. Zwar befindet sich die definierte Grenze für kleine Unternehmen bei 49 Mitarbeitern, was knapp über der Mindestanzahl an benötigten Arbeitsplätzen der Fraunhofer Untersuchung liegt, dennoch erscheint ein wirtschaftlicher Nutzen bei diesen engen Wertegrenzen als nicht garantiert, zumal bei der Untersuchung keine Infrastrukturkosten für evtl. Netzwerkkomponenten berücksichtigt wurden, die bei einer Implementierung einer Thin Client Lösung durchaus entstehen können.[101] Hinzu kommen noch die relativ hohen Umstellungs- bzw. Start up Kosten.[102] Diese anfänglichen Investitionskosten für Server und Lizenzen könnten besonders für kleinere Unternehmen ein Problem darstellen, da sich ein erwarteter Return of Invest erst nach einer gewissen Zeit einstellen wird.

---

[99] Eigene Darstellung
[100] Köchling und Knermann, 2008, S. 61ff.
[101] Meyer, 1998, S. 29–30
[102] Mitchell, 2002, S. 40–41

Das Fraunhofer Institut geht hierbei in seinem Vergleich von einer durchschnittlichen Einsatzdauer eines Thin Clients von fünf Jahren aus.

Ein weiterer Grund, der gerade bei kleinen Unternehmen gegen den Einsatz einer Thin Client Technologie spricht, ist die häufig genannte Abneigung der Mitarbeiter gegen diese Form der Arbeitsplatzgestaltung. Diese Ablehnung stellt eines der größten Probleme dieser Variante dar,[103] was sich in der Literaturauswertung gezeigt hat. Der Arbeitsmarkt in Deutschland hat sich in den letzten Jahren vom Arbeitgebermarkt hin zum Arbeitnehmermarkt gewandelt.[104] Wie das Bundesministerium für Wirtschaft und Technologie publiziert, können insbesondere kleine und mittlere Unternehmen durch den anhaltenden Fachkräftemangel in Schwierigkeiten geraten. Großunternehmen mit ihren professionellen Rekrutierungsspezialisten und einem größeren Lohnspielraum sieht das Ministerium hier im Vorteil.[105] Firmen unternehmen inzwischen viel, um Mitarbeiter für sich zu gewinnen und langfristig an das Unternehmen zu binden. Zu diesem Zweck gehen sie mehr auf die Bedürfnisse der Arbeitnehmer und Bewerber ein. So richtet beispielsweise Siegfried Lautenbacher, geschäftsführender Gesellschafter des IT-Service-Anbieters Beck et al. Services, die Infrastruktur und die eingesetzten Arbeitsmittel seines Unternehmens auf die Wünsche der Mitarbeiter aus.[106] Im Personalbereich besitzt das BYOD Modell nach Auswertungen der Fachliteratur die größten Vorzüge. Es kann daher zur Erfüllung dieser Ansprüche beitragen und den Mitarbeitern einen weiteren Anreiz für die Arbeit in einem bestimmten Unternehmen bieten. Deshalb wurde dieses Modell als Handlungsempfehlung für die Mitarbeitergruppen P1 bis P3 bei normalen Sicherheitsbedarf S1 gewählt.

Für die Personengruppe P4 und P5 hingegen fällt die Empfehlung auf eine herkömmliche PC Architektur im Unternehmen. Die Tätigkeiten sind im Vergleich zu den anderen Personengruppen einfacher zu erledigen. Der Bedarf an gut ausgebildeten Fachkräften bzw. Akademikern dürfte in der Regel bei diesen Mitarbeiterprofilen nicht vorliegen. Anhand dessen lässt sich hier einfacher Mitarbeiter für das Unternehmen gewinnen und es muss kein Aufwand für ein BYOD Konzept betrieben werden. Des Weiteren könnte es sich bei diesen Tätigkeitsumfeldern zum Beispiel um Schichtarbeitsplätze mit wechselndem Personal an einem Arbeitsplatz handeln. Die Verwendung von Mitarbeitergeräten dürfte sich in diesem Fall ebenfalls als problematisch herausstellen.

---

[103] Hamblen, 2000, S. 62
[104] Perspektive Mittelstand, o.J., S. 1
[105] Bundesministerium für Wirtschaft und Technologie, o.J., S. 1
[106] Hänig, 2012, S. 1–2

Laut der Mitarbeiterprofile von P4 und P5 handelt es sich zusätzlich hauptsächlich um stationäre PC Arbeitsplätze, etwa von Innendienstmitarbeitern innerhalb des Unternehmens. Auch die Verwendung eigener Tablets oder Smartphones sollte für die Ausübung dieser Tätigkeiten nicht von Nöten sein.

Die Wahl des BYOD Modells erfolgte nur für die Schutzbedarfsklasse S1. Für die Implementierung einer BYOD Strategie ist bei dieser Schutzklasse der geringste Aufwand notwendig. Die begrenzten und überschaubaren Schadensauswirkungen, die unter Umständen auftreten können, ermöglichen eine einfachere und kostengünstigere Implementierung als bei höheren Schutzklassen. Bei dem Einsatzbereich in höheren Schutzklassen steigen die anfallenden Aufwände und Kosten für ein sicheres Konzept erheblich. Eine korrekte Strategie, die sowohl rechtliche als auch technische und sicherheitsrelevante Faktoren umfasst, ist für einen höheren Schutzbedarf unabdingbar.[107] Hinzu kommen die regelmäßigen Aufwände, die beispielsweise für die Überprüfungen der aktuellen Richtlinien und Sicherheitskonzepte erforderlich sind.[108] Diese Aufwände, die für die Vermeidung beachtlicher Schäden betrieben werden müssen, sprechen gegen den Einsatz eines BYOD Konzeptes in kleineren Unternehmen, die höhere Sicherheitsbedürfnisse haben. Darüber hinaus können bei ausgefeilteren und sicheren Konzepten zusätzliche Kosten anfallen. Diese entstehen beispielsweise für Applikations Firewalls, Virtualisierungslösungen oder Geräteverwaltungssoftware.[109] Für eine BYOD Umsetzung im normalen Sicherheitsbereich S1 ist hingegen unter Umständen bereits die Installation eines definierten Virenscanners und der Einsatz einer Verschlüsselungssoftware ausreichend. Das setzt zumindest die Firma Citrix als Mindestanforderung für ihre Mitarbeitergeräte voraus, obwohl das Unternehmen selbst dieses Konzept mit der eigenen Virtualisierungslösung umsetzt.[110]

Die Argumentationen, die sich aus dem Untersuchungsverlauf ergeben haben zeigen, dass eine herkömmliche PC Architektur in den meisten Fällen eine sinnvolle Lösung für kleine Unternehmen darstellt. Anhand der Matrix ist ersichtlich, dass demnach nur in der normalen Schutzklasse S1 mit den Personenklassen P1 bis P3 ein BYOD Konzept im Bezug der Mitarbeitergewinnung, Motivation und Mitarbeiterbindung von Vorteil sein könnte. In allen anderen Situationen ist das klassische Modell zu bevorzugen.

---

[107] Fernandez, 2012, S. 10
[108] Schmidt, 2012, S. 25
[109] Vance, 2012, S. 14
[110] Zieiins, 2011, S. 22

5.3.3   Morphologische Matrix für mittlere Unternehmen

Für mittlere Unternehmensgrößen, charakterisiert durch die Unternehmensklasse U2, ergibt sich eine Handlungsempfehlung nach folgendem Muster.

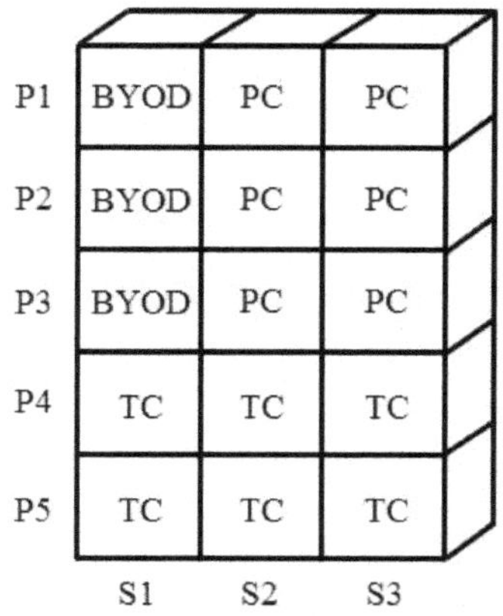

Abbildung 14: Entscheidungshilfe für mittlere Unternehmen[111]

Ab einer gewissen Unternehmensgröße bzw. einer ausreichend großen Menge an IT-Arbeitsplätzen ist der Thin Client Technologie durch das Fraunhofer Institut ein wirtschaftlicher Nutzen bescheinigt worden. Dieses Ergebnis bestätigt somit die zahlreichen Nennungen des Kostenvorteiles des vorrangegangenen Untersuchungsverlaufes. Laut Berechnungen des Institutes können mit einer Thin Client Lösung 31 bis 42 Prozent der Kosten pro Arbeitsplatz vermieden werden. Dazu müssen jedoch einige Voraussetzungen erfüllt sein. Die Berechnung geht von einer Neuanschaffung von zahlreichen Arbeitsplatz PC´s aus. Gleichzeitig wird angenommen, dass die Unternehmen die hohen Anschaffungskosten akzeptieren, während die Nutzungsdauer der Gerätealternativen bei jeweils fünf Jahren liegen muss. Hinzu kommt die Bedingung einer gewissen Homogenität der Anforderungen und eine geringe Anzahl an eingesetzten Softwarepaketen.[112] Gerade letzteres ist für den Einsatz einer Thin Client Architektur von Bedeutung. Anhand der Literaturrecherche konnten die Standardisierung von Arbeitsplatzumgebungen und die Möglichkeit der zentralen Verwaltung als wichtige Faktoren, die für die Reduzierung des Gesamtaufwandes verantwortlich sind, identifiziert werden. Mitarbeiter, die hauptsächlich mit der Bearbeitung von Dokumenten, Tabellen oder standardisierten Produktionstools beschäftigt sind, brauchen demzufolge keine überdimensionierten PC Arbeitsplätze und können mit standardisierten Thin Clients arbeiten.[113] Die Thin Client Architektur eignet sich deshalb besonders bei einer großen Anzahl an stationären

---

[111] Eigene Darstellung
[112] Köchling und Knermann, 2008, S. 19–20
[113] Dowell, 1997, S. 73–74

Arbeitsplätzen für eine Nutzergruppe mit Standardsoftwareprodukten.[114] Mögliche Einsatzszenarien für diese Technologievariante sind beispielsweise Call Center, Hotel-Lobbys, Schichtarbeitsplätze im Produktionsumfeld oder typische Office Anwender.[115] Diese Nutzergruppen entsprechen den Varianten P4 und P5 in dem erstellten morphologischen Schema, weshalb das Thin Client Modell für diese Personen gewählt wurde. Ein Einsatz für andere Personenklassen wird jedoch nicht empfohlen. Neben der bereits unter Punkt 5.3.2 erläuterten Fachkräftesituation und der allgemeinen negativen Einstellung der Mitarbeiter gegenüber der Thin Client Architektur sprechen noch weitere Argumente gegen den Einsatz dieser Möglichkeit bei anderen Arbeitnehmergruppen. Das Thin Client Konzept zeigt durch seine geteilten Serverressourcen Schwächen bei grafik- bzw. rechenintensiven Anwendungen, die von einigen Mitarbeitern benötigt werden.[116] Hinzu kommen Einschränkungen im Bereich Flexibilität und Individualität, die ein Nutzer hinnehmen muss, da er nicht in der Lage ist, Softwareprodukte auf einem Thin Client zu installieren oder anzupassen. Diese Beschränkungen sprechen zusätzlich gegen den Einsatz bei Arbeitnehmern der Kategorie P1 und P2. Ergänzend dazu ist das Konzept aufgrund der fehlenden Offlinefunktionalität ebenso nicht für den mobilen Einsatz tauglich.[117] Somit ist diese Technologie auch nicht für die Personengruppe P3 empfehlenswert.

Während das Thin Client Konzept nur für bestimmte Arbeitnehmergruppen und Beschäftigungsprofile tauglich erscheint, ist es aber für alle Sicherheitsbedarfsklassen einsetzbar. Die zentrale Speicherung sämtlicher Daten auf den Servern sorgt für die größtmögliche Sicherheit bei dem Verlust eines Gerätes. Es ist dabei nicht möglich, Informationen auf einem Thin Client zu speichern. Bei Abhandenkommen des Gerätes muss demnach lediglich ein neues Gerät beschafft werden.[118] Das Fehlen von Laufwerken und die Nutzereinschränkungen bei Installationen durch die Anwender erhöht die Sicherheit zusätzlich und sorgt für einen besseren Schutz gegenüber Viren oder Malware.[119] Sogar im Finanzsektor, in dem Banken höchste Sicherheitsanforderungen im Bezug auf Integrität, Verfügbarkeit und Vertraulichkeit ihrer Daten haben,[120] gewin-

---

[114] Strassmann, 2008, S. 27
[115] Howard, 2000, S. 168–171
[116] Mitchell, 2002, S. 40–41
[117] Kennedy, 1999, S. 32–34
[118] Fergusson, 2007, S. 15–18
[119] Kennedy, 1999, S. 32–34
[120] Müller, 2011, S. 139

nen Thin Clients an zunehmender Popularität.[121] Die zahlreichen Vorteile dieser Architektur ermöglichen so einen Einsatz für alle Sicherheitsbedarfsklassen S1 bis S3.

Für den Einsatz eines BYOD Modells bei mittleren Unternehmen gelten ähnliche Bedingungen wie auch für Unternehmen der Kategorie U1. Auch diese befinden sich in einer ähnlichen Situation, was die Rekrutierung und Bindung von Mitarbeitern anbelangt.[122] Zweifel bestehen ebenfalls bzgl. einer erwarteten Kostenersparnis für eine BYOD Lösung. Die Implementierung eines BYOD Konzeptes trägt versteckte Kosten, so dass es teilweise sogar zu Mehrkosten gegenüber einem traditionellen PC Modells kommen kann. Demnach hat die Firma IBM, die eines der größten BYOD Programme betreibt, in der Praxis keine Ersparnisse dadurch.[123] Wie auch bei kleinen Unternehmen sind für Mittelstandsunternehmen, die laut Definition bei 50 Mitarbeitern beginnen, die großen Aufwände für ein sicheres BYOD Programm als schwer tolerierbar anzusehen. Gerade da für das Konzept Mitarbeitergeräte im Unternehmen zuzulassen kaum Standards existieren.[124] Verstärkt werden diese Aufwände, wenn mehr Funktionalitäten als der reine Zugriff auf E-Mail Konten angeboten werden sollen. Erweiterte Zugriffsmöglichkeiten erhöhen die Notwendigkeit einer ständigen Kontrolle.[125] So ist die Verwendung von Desktopumgebungen eine wesentlich größere Herausforderung.[126] Aus diesen Gründen wurde das BYOD Konzept auch für mittlere Unternehmen nur für die Sicherheitsklasse S1 gewählt, da sich hier die Aufwände in Grenzen halten lassen. Wenn jedoch ein mittleres Unternehmen den Einsatz eines BYOD Programmes in der Sicherheitsbedarfsklasse S2 vorsieht, sollte den Mitarbeitern aufgrund der geringeren Komplexität zunächst maximal der Zugriff auf E-Mails gewährt werden.[127] Viele Unternehmen nutzen ausschließlich diese Funktion, wenn sie ein BYOD Programm implementieren.[128]

Das Ergebnis für mittlere Unternehmen der Unternehmensklasse U2 zeigt, dass die Architekturmöglichkeiten für ein mittleres Unternehmen durchaus variieren können. Je nach individuellen Begebenheiten kann der Einsatz der einen oder anderen Variante von Vorteil sein. Für einfachere Tätigkeiten der Mitarbeiterklassen P4 und P5 eignet sich der Einsatz einer Thin Client Architektur am Besten. Diese kann für alle Sicherheitsbe-

---

[121] Kennedy, 1999, S. 32–34
[122] Bundesministerium für Wirtschaft und Technologie, o.J., S. 1
[123] o.V., 2012, S. 2–3
[124] Holtz, 2012, S. 10–12
[125] Cox, 2012, S. 1–16
[126] Saran, 2012, S. 20–26
[127] Ashford, 2010, S. 69
[128] Messmer, 2011, S. 11–12

darfsklassen S1 bis S3 verwendet werden. Die bescheinigte Attraktivität des BYOD Modells ist für den Einsatz in einer niedrigen Sicherheitsklasse S1 bei den Personengruppen P1 bis P3 von Vorteil. Durch die hohen Aufwände und die Komplexität einer sicheren BYOD Umgebung ist für mittlere Unternehmen allerdings in anderen Schutzklassen S2 und S3 eine klassische PC Architektur zu empfehlen.

5.3.4 Morphologische Matrix für Großunternehmen

Die letzte Entscheidungsmatrix gibt Aufschluss über die empfohlenen Architekturvarianten für den Einsatz in einem Großunternehmen. Die Empfehlungen für die als U3 deklarierte Unternehmensklasse können der Abbildung 15 entnommen werden.

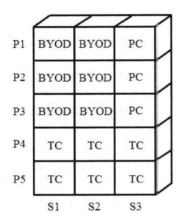

Abbildung 15: Entscheidungshilfe für Großunternehmen[129]

Auch für diese Unternehmensklasse gelten, wie bereits bei den vorangegangen, die allgemeinen Abgrenzungen, die im Punkt 5.3.1 beschrieben wurden. Der empfohlene Einsatz einer Thin Client Architektur für die Personenklassen P4 und P5 in den Sicherheitsbedarfsklassen S1 bis S3 folgt der Argumentation, die auch für mittlere Unternehmen U2 gewählt wurde. Besonders bei einer großen Anzahl an standardisierten Arbeitsplätzen besitzt die Thin Client Architektur einen klaren Vorteil gegenüber einem klassischen PC Modell. Während die Installation und Wartung von wenigen PC´s in kleineren Unternehmen noch geringe bis keine Problem darstellen, ist dies bei großen Mengen in großen verteilten Organisationen deutlich schwieriger und aufwendiger. Dies lässt sich durch einen Thin Client Einsatz bei Personengruppen, die hauptsächlich Informationen verarbeiten, effektiv vereinfachen.[130] Bei einem Einsatz dieser Technologie in einer weit gestreuten Organisation sollte hierbei jedoch auf eine gewisse Redundanz geachtet wer-

---

[129] Eigene Darstellung
[130] Bean und Harrast, 2001, S. 20–21

den. Der Ausfall einer zentralen Komponente könnte in diesem Zusammenhang beispielsweise bei dem Einsatz in einer Einzelhandelskette dazu führen, dass in den einzelnen Filialen kein Arbeiten und kein Verkauf mehr möglich ist.[131]

Obwohl größere Unternehmen laut dem Bundesministerium für Wirtschaft und Technologie gegenüber kleineren Unternehmen einen Vorteil bei der Mitarbeiterrekrutierung
und Bindung haben[132] und deshalb nicht unbedingt ein BYOD Programm als Anreiz
hierfür benötigen, kann ein großes Unternehmen trotzdem von den Vorteilen eines sol-
chen Programmes profitieren. Laut den Nennungen der Fachexperten profitieren Unternehmen vor allem von der gestiegenen Produktivität und Flexibilität ihrer Mitarbeiter.
Mit Hilfe solch eines Programmes ist es möglich, vielen Mitarbeitern im Unternehmen,
auf schnelle Art und Weise, einen mobilen Zugang zu Firmendaten zu verschaffen.
Durch die ständige Zugriffsmöglichkeit auf Daten und Applikationen ist es zum Beispiel den Mitarbeitern möglich, sehr einfach und überall auf benötigte Berichterstattun-
gen, Workflowsysteme oder Genehmigungsprozesse zuzugreifen.[133] Entgegen der Entscheidungshilfe für mittlere Unternehmen wurde für die Unternehmensklasse U3, trotz
zahlreicher Sicherheitsbedenken durch die Experten, das BYOD Modell auch für die
Sicherheitsstufe S2 gewählt.

Viele Arbeitnehmer brechen bestehende Sicherheitsvorschriften in einem Unternehmen
und nutzen private Geräte auch ohne Erlaubnis der Firma.[134] Die Mitarbeiter tauschen
für ihre tägliche Arbeit ständig Informationen mit den unterschiedlichsten Personengruppen aus. Um dabei produktiver zu sein und sich die Arbeit zu erleichtern, speichern
sie zum Teil auch die Unternehmensdaten auf den ihnen gehörenden persönlichen Geräten. Der Einsatz von öffentlichen Cloudlösungen wie Dropbox oder den zahlreichen
Funktionen, die neue Geräte aus dem Privatsektor ermöglichen, machen es den Mitarbeitern in diesem Zusammenhang immer leichter, die Sicherheitsmechanismen und
Strategien eines Unternehmens zu umgehen.[135] Diese Tatsache sorgt für große Sicher-
heitsprobleme in einem Unternehmen. Gerade für große Unternehmen sind diese Miss-
bräuche schwer überschaubar.[136] Die Entwicklung und Implementierung eines BYOD
Konzeptes kann dieser negativen Entwicklung aktiv entgegenwirken. Einem großen

---

[131] Nannery, 1999, S. 80–81
[132] Bundesministerium für Wirtschaft und Technologie, o.J., S. 1
[133] Brydges, 2012, S. 3
[134] Gale, 2012, S. 16
[135] Chaudhry, 2012, S. 30–31
[136] Ginovsky, 2012, S. 24–27

Unternehmen stehen hierfür die finanziellen Mittel und Ressourcen zur Verfügung. Es existieren einige Lösungsansätze, wie solch ein sicheres Konzept aussehen könnte.

Der Einsatz spezieller Applikationsfirewalls, die nur den Austausch gewisser Informationen, die von bestimmten Softwareprodukten gesendet und verarbeitet werden, zulässt, ist eine Form der Abschottung.[137] Eine weitere Möglichkeit ist der Einsatz einer kompletten Virtualisierung, wie sie bei der Firma Citrix zum Einsatz kommt. Diese hat jedoch den Nachteil der fehlenden Offlinefunktionalität, da sich die Daten nur auf zentralen Servern befinden.[138] Die Installation einer Applikation, die Daten auf einem privaten Gerät in einem sog. Sandboxmode vor deren Austausch mit unerwünschten Quellen schützt, ist eine zusätzliche Alternative.[139] Besonders der Schutz von Unternehmensdaten auf den privaten Geräten sollte laut Expertenmeinung von den Unternehmen beachtet werden. Der Einsatz einer Mobile Device Management Software ermöglicht dabei die Löschung von Daten und eine bessere Kontrolle und Verwaltung der Geräte. Diesem Einsatz muss ein Mitarbeiter allerdings zunächst schriftlich zustimmen.[140] Die gezeigten Varianten für ein sichereres BYOD Konzept sind nur einige Lösungsvarianten. Welche Lösung nun für ein Unternehmen die sinnvollste und sicherste Variante ist, könnte in einer separaten Untersuchung analysiert werden. Die genaue Betrachtung dieser ist allerdings nicht Bestandteil dieser Arbeit. Durch die beispielhafte Darstellung dieser Optionen ist jedoch bereits ersichtlich, dass die Ausarbeitung eines sicheren Konzeptes mit Aufwänden und Kosten verbunden ist.

Für ein großes Unternehmen ist der Einsatz in der Sicherheitsstufe S2 in der Entscheidungsmatrix durchaus zu bewältigen, zumal sich ein Unternehmen die Vorteile des Konzeptes sichern kann und gleichzeitig präventiv gegen mögliche Sicherheitsschwachstellen und Datenverlust vorgehen kann. Für einfachere Tätigkeiten mit Standardfunktionalität ist die Thin Client Variante zu bevorzugen. Lediglich in der Sicherheitsstufe S3 bei den Personengruppen P1 bis P3 ist aufgrund der hohen Sicherheitsanforderungen ein klassisches PC Modell zu bevorzugen. Zwar ist es mit verschiedenen Technologien möglich, auch ein BYOD Konzept relativ sicher zu gestalten, aber dennoch bleibt ein Restrisiko. Selbst das Unternehmen Citrix, das auf eine volle Virtualisierung

---

[137] Vance, 2012, S. 14
[138] Zielinski, 2012, S. 71–74
[139] Thurman, 2012, S. 27
[140] Drew, 2012, S. 44–43

setzt, erlaubt es einigen Managern und Human Ressource Mitarbeitern, die mit sehr sensiblen Daten arbeiten, nicht an dem BYOD Programm teilzunehmen.[141]

6   Fazit

Die Suche, Konzipierung und Implementierung einer geeigneten IT Client Architektur ist für viele Unternehmen eine wichtige Entscheidung und Herausforderung, die Einfluss auf die grundlegende IT-Infrastruktur in einem Unternehmen haben kann. Viele Anbieter auf dem Markt propagieren hierzu die unterschiedlichsten Architekturlösungen und Konzepte. Um Entscheidungsträgern bei dieser Vielfalt eine Hilfestellung zu bieten, wurde in dieser Bachelorarbeit auf die Besonderheiten des neu aufkommenden Trends des Bring Your Own Device Modells eingegangen. Dazu wurde ein Vergleich dieser Möglichkeit mit einer klassischen PC Architektur gezogen. Als weiteres großes Client Modell wurde die bereits länger bestehende Möglichkeit einer serverbasierten Client Umgebung mit dem Einsatz von Thin Client Endgeräten betrachtet. Für den Vergleich dieser Architekturvarianten wurde eine Literaturrecherche unterschiedlicher Fachliteratur vorgenommen. Die identifizierten Vor- und Nachteile des jeweiligen Konzeptes dienten im weiteren Verlauf als Vergleichsgrundlage. Anhand der identifizierten Stärken und Schwächen konnten relevante Themenschwerpunkte gefunden werden, die für eine Architekturwahl von Bedeutung sind. Ein vorgenommenes Ranking der Client Modelle innerhalb der Themenfelder sorgte für ein klareres Bild über die geeigneten Einsatzszenarien und half bei der späteren Erstellung einer Entscheidungsmatrix.

Die Ergebnisse der Untersuchung zeigen, dass vieles zukünftig zumindest in größeren Unternehmen für eine Client Virtualisierung spricht. Mit deren Hilfe ist die Trennung der Arbeitsplatzumgebung vom Endgerät möglich. Sowohl ein sicheres BYOD Konzept, als auch eine Thin Client Architektur lassen sich damit realisieren. Ob und bis wann die Virtualisierungstechnik jedoch das klassische PC Modell weitgehend verdrängen wird ist unklar. Die fehlenden Standards und zahlreichen Realisierungsvarianten eines BYOD Modells sorgen dafür, dass dieses Konzept noch einige Anlaufzeit benötigen wird, um sich in Deutschland in größerem Maße durchzusetzen. Welche BYOD Realisierungsoption hier die beste Lösung für ein Unternehmen darstellen kann, sollte in einer weiteren Untersuchung überprüft werden. Die geltenden Beschränkungen des

---

[141] Zielinski, 2012, S. 71–74

Thin Client Konzeptes bei der Personalstruktur und deren Aufgabengebieten könnten einen Grund für dessen geringe Verbreitung darstellen.

Wie das Untersuchungsergebnis zeigt, hat jede Technologie gewisse Argumente, die für oder gegen den Einsatz in bestimmten Anwendungsfällen sprechen. Durch den morphologischen Kasten ist es Entscheidungsträgern möglich, die treffende Variante für den eigenen Bedarf zu ermitteln. Dies wird jedoch schwierig, wenn ein Unternehmen über eine ausgeglichene Anzahl an Mitarbeitern in mehreren Personenklassen verfügt. Zusätzlich können je nach Aufgabengebiet unterschiedliche Schutzbedarfsklassen in einem Unternehmen bestehen. Diese Mischform lässt sich schwer durch den morphologischen Kasten abbilden. Zu diesem Zweck würde sich eine weitere intensivere Untersuchung anbieten, die sich mit möglichen Mischformen beschäftigt. In diesem Zusammenhang könnte durch die Untersuchung geklärt werden, ob eine geeignete Virtualisierung alle beschriebenen Architekturmodelle abdecken könnte.

Dennoch bietet die Sammlung an Informationen und deren Auswertung bereits einen guten Einblick über die jeweiligen Einsatzszenarien und die zu bedenkenden Parameter. Sie hilft demnach bei der Einschätzung und Auswahl eines geeigneten Client Modells.

Anhang A: BYOD Quellen

Titel	Quelle	Autor(en)	Kosten	Aufwand	Sicherheit	Personal	Sonstiges	Recht und Compliance
"BYOD" quandary	ABA Banking Journal; Apr2012, Vol. 104 Issue 4, p24-27, 3p	Ginovsky, John	X	X	X	X		X
3 BYOD Secrets. (cover story)	Wall Street & Technology; Jun2012, Vol. 30 Issue 2, p31-31, 1p	Golia, Nathan				X		
BYOD, enabling the chaos.		Thomson, Gordon						
7 BYOD Best Practices.	Network Security; Feb2012, Vol. 2012 Issue 2, p5-8, 4p	McMahon, Chris						
BYOD: Save Money, Gain Productivity.	Insurance Networking News; Sep/Oct2012, Vol. 15 Issue 6, p31-31, 1p	Steinert-Threlkeld, Tom	X		X			
BYOD is a minefield	Money Management Executive; 11/28/2011, Vol. 19 Issue 46, p1-10, 2p	k-A.	X		X	X		X
BYOD: A Cloudy Adoption.	Network World; 6/18/2011, Vol. 29 Issue 12, p24-25, 2p	Mooney, Janine E.	X		X	X	X	X
BYOD: Easing the Trepidation.	Wireless Design & Development; May/Jun2012, Vol. 20 Issue 3, p6-6, 1p	Fernandez, Tommy	X		X	X		X
BYOD Trend Pressures Corporate Networks.	Money Management Executive; 5/28/2012, Vol. 20 Issue 22, p1-10, 2p	Burt, Jeffrey	X		X	X		X
BYOD pros and cons.	eWeek; 9/5/2011, Vol. 28 Issue 14, p30-31, 2p	k-A.		X	X	X		
BYOD Accelerates Rise of Smartphone and Tablet Leaders.	Network World; 4/23/2012, Vol. 29 Issue 8, p7-7, 1 8p	Mallinson, Keith		X	X	X		
BYOD Exposes Perils Of Cloud Storage.	Wireless Week; Oct2012, Vol. 19 Issue 3, p10-11, 2p, 1 Color Photograph	Mearian, Lucas			X			
5 Ways The Corporate PC Market Is Evolving.	Computerworld; 6/18/2012, Vol. 46 Issue 12, p8-8, 1p	Savitz, Eric	X	X	X	X		
6 secrets to a successful BYOD rollout	Forbes.com; 5/3/2012, p2-2, 1p	Vance, Jeff	X	X	X	X		
A CALCULATED Risk	Network World; 9/24/2012, Vol. 29 Issue 16, p14-14, 1p	Violino, Bob			X			
A Whole Lotta Quakin' Goin' On.	Computerworld; 9/24/2012, Vol. 46 Issue 17, p31-32, 2p, 4 Charts	Tuttle, Will						
AirTight Delivers BYOD Security for Cloud Wi-Fi.	Computer Gaming World; Dec2004, Issue 245, p41-41, 2/3p, 1 Color Photograph	k-A.			X			
Apple: Why It Should Cut An iPhone Deal With T-Mobile.	Networks Update; Apr2012, Vol. 24 Issue 4, p3-5, 3p	Savitz, Eric	X	X		X		
Are You Ready for BYOD? (cover story)	Forbes.com; 7/10/2012, p4-4, 1p	Raths, David		X				
Averting IT Civil War Over Bring Your Own Device'	T H E Journal; May2012, Vol. 39 Issue 4, p28-32, 5p	Savitz, Eric ; Pandey, Amit	X	X	X	X		X
Beyond Bring Your Own Device: Building Mobile Business Apps.	Forbes.com; 7/3/2012, p10-10, 1p	Brydges, Bill				X		
Bracing For BYOD.	Forbes.com; 2/11/2012, p3-3, 1p	Quittner, Jeremy	X	X	X	X	X	
BRING YOUR OWN COVERAGE.	Bank Technology News; Jan2012, Vol. 25 Issue 1, p6-8, 3p	Bell, Allison	X		X	X		
"Bring your own device" may come at a price.	National Underwriter / Life & Health Financial Services; Oct2012, Vol. 116 Issue 10, p46-52,	k-A.	X	X	X	X		
Bring your own device.	Fair Employment Practices Guidelines; Jul2012, Issue 686, p2-3, 2p	Durnett, Richard	X	X	X	X		
Bring Your Own Device.	Director (00123242); May2012, Vol. 65 Issue 9, p54-59, 5p, 4 Color Photographs	Zielinski, Dave	X	X	X	X		
Bring Your Own Device: Dealing With Trust and Liability Issues.	HR Magazine; Feb2012, Vol. 57 Issue 2, p71-74, 4p	Rege, Ojas	X	X	X	X		
Bring your own.	Forbes.com; 8/17/2011, p5-5, 1p	Lea, Piers	X	X	X	X		
Bring Your Phone to Work?	e.learning age; Jun2012, p13-14, 2p	Andel, Tom	X		X	X		X
BRINGING YOUR OWN DEVICE.	Material Handling & Logistics; Dec2011, Vol. 66 Issue 12, p26-28, 3p, 4 Color Photographs	Burd, Michael ; Davies, James	X	X	X			X
BYOD Is Driving IT 'Crazy,' Says Gartner	Management Today; Oct2012, Issue 10, p12-12, 1/5p, 1 Color Photograph	Hamblen, Matt					X	
BYOD Planning Gets a Boost.	Computerworld; 5/21/2012, Vol. 46 Issue 10, p6-6, 2/3p, 1 Color Photograph	Thurman, Mathias					X	
Cautious IT optimism, but behind in BYOD	Computerworld; 1/9/2012, Vol. 46 Issue 1, p27-27, 1p	Dix, John						
Cisco helps users welcome BYOD	Network World; 10/8/2012, Vol. 29 Issue 17, p5-5, 1/2p	Duffy, Jim			X	X		
Cisco: Customers drove appeal of Skype deal	Network World; 3/26/2012, Vol. 29 Issue 6, p14-14, 1/2p	Duffy, Jim	X	X				
communiqué.	Network World; 2/27/2012, Vol. 29 Issue 4, p10-10, 2/3p	Holtz, Shel	X	X	X	X		
Consider desktops in the cloud for BYOD.	Communication World; Sep/Oct2012, p10-12, 3p	Henderson, Tom						
Corporate App Stores: Harness The Power Of BYOD.	Network World; 5/21/2012, Vol. 29 Issue 10, p24-28, 4p	Savitz, Eric ; Karayi, Sumir	X	X	X	X		
Dell HP Lexmark: Sell Them All, Buy IBM, Citi Analyst Says.	Forbes.com; 7/3/2012, p21-21, 1p	Messmer, Ellen	X	X				
Corporate- vs. employee- owned mobile devices.	Network World; 11/7/2011, Vol. 28 Issue 20, p11-12, 2p	Savitz, Eric						
D9: HP CEO Apotheker Live!	Forbes.com; 6/1/2011, p19-19, 1p	Nicopretomus						
DaaS is conceptually-flawed	Network World; 6/4/2012, Vol. 29 Issue 11, p4-4, 1/5p	Shepherd, Betsy				X		
DataBank.	Workforce Management; Jun2012, Vol. 91 Issue 6, p18, 1p	Savitz, Eric				X		
Defeating Corporate IT Tyranny: A Gadget Users' Bill Of Rights.	Forbes.com; 3/12/2012, p12-12, 1p	Savitz, Eric			X	X		
Developing A BYOD Strategy: The 5 Mistakes To Avoid.	Forbes.com; 10/9/2012, p15-15, 1p	Savitz, Eric	X		X	X		
Device Dilemma.	Forbes.com; 3/27/2012, p11-11, 1p	Kozubek, Michael		X	X	X		X
Does Anyone Have an Idea for a Manageable, Bring-Your-Own-Device Policy?	InsideCounsel; Oct2012, Vol. 23 Issue 250, p32-37, 3p	Abaffy, Luke		X	X	X		
DUAL PERSONALITIES.	ENR: Engineering News-Record; 12/19/2011, Vol. 267 Issue 18, p18-18, 1p	Wood, Nick	X	X	X	X		
For CIOs, Time To Deal With All Of Those Holiday Mobile Devices.	Total Telecom~ Nov2011, p6-7, 2p	Savitz, Eric ; Merrill, David			X	X		
Gathering mobile momentum.	Forbes.com; 1/3/2012, p20-20, 1p	Kevany, Kevin		X	X	X		
Government IT strains under BYOD challenge.	NZ Business; Nov2012, Vol. 26 Issue 10, p32-35, 4p	Messmer, Ellen	X		X	X		
	Network World; 4/9/2012, Vol. 29 Issue 7, p10-10, 1p							

Titel	Quelle	Autor(en)	Kosten	Aufwand	Sicherheit	Personal	Sonstiges	Recht und Compliance
Head for the Edge.	Library Media Connection; Aug/Sep2012, Vol. 31 Issue 1, p98-98, 1p, 1 Color Photograph	Johnson, Doug	X					
HMSHost sees higher checks at new bring-your-own-computer internet cafe.	Nation's Restaurant News; 12/18/2000, Vol. 34 Issue 51, p6, 3p, 2 Color Photographs	Liddle, Alan J.	X	X	X			
IBM CIO Embraces BYOD Movement.	Computerworld; 4/9/2012, Vol. 46 Issue 7, p6-6, 1p	Kanaracus, Chris				X	X	
Indian firms Embrace the ByOD Trend	Siliconindia; Jun2012, Vol. 15 Issue 6, p9-9, 2/3p	k.A.	X	X	X	X		
IT groups eschew BYOD: Workers to carry company-owned tablets.	Network World; 7/16/2012, Vol. 29 Issue 13, p1-16, 2p	Cox, John	X	X	X	X		
IT Managers in BYOD Deadlock.	Siliconindia; Feb2012, Vol. 15 Issue 2, p10-10, 1p	k.A.		X	X	X		
IT Shift in Tablets - Have You Prepared Yet?	Siliconindia; Jul2012, Vol. 15 Issue 7, p20-31, 2p	Chaudhry, Puneesh	X		X	X		
Join the mobile revolution.	Financial Management (14719185), Jun2012, p20 22, 3p, 1 Diagram	Finlis, Gavin	X	X	X			
Keeping ahead of advancing threats requires an intelligent team effort.	Computer Weekly; 3/13/2012, p4-5, 2p, 2 Color Photographs, 1 Graph	Ashford, Warwick			X			
Legal opinion . Personal smartphones require smart thinking.	Employers Law, Oct2012, p11-11, 1p	Berman, Seth	X	X	X	X		X
Managing Cybersecurity Risks	Journal of Accountancy; Aug2012, Vol. 214 Issue 2, p44-48, 5p	Drew, Jeff			X	X		
Mobile Security.	Electrical Wholesaling; May2012, p28-30, 3p	Dysart, Joe	X		X	X		
MOVING TO CLOUD & MOBILE IS PERTINENT FOR BUSINESS.	Siliconindia; Jun2012, Vol. 15 Issue 6, p38-39, 2p	Curd, Walter						
Network security controls struggle to keep pace with wireless devices.	Computer Weekly; 7/31/2012, p7-7, 1p, 1 Color Photograph	Ashford, Warwick						
Not Your Parents' Workplace Anymore - Managing the New Security Realities of BYOD.	Security: Solutions for Enterprise Security Leaders; Sep2012, Vol. 49 Issue 9, p25-25, 1p	Schmidt, Jeff			X	X	X	X
Now that BYOD is the new normal, IT races to adjust.	Network World; 9/10/2012, Vol. 29 Issue 15, p1-22, 9p	Messmer, Ellen	X		X	X		X
ON-DEMAND WEBCASTS.	THE Journal; Feb-Mar2012, Vol. 39 Issue 2, p12-12, 1/3p	k.A.						
ON-DEMAND WEBCASTS.	THE Journal; Jan2012, Vol. 39 Issue 1, p10-10, 1/4p	k.A.						
peer say.	Network World; 1/9/2012, Vol. 29 Issue 1, p4-4, 2.3p	S., Ramon ; Buser, Cimarron ; Phillips, Barry						
peersay.	Network World; 5/21/2012, Vol. 29 Issue 10, p6-6, 1p	k.A.						
peersay.	Network World; 7/16/2012, Vol. 29 Issue 13, p4-4, 1p	Camack, Michael ; Restivo, Josh ; Allen King,			X	X		X
POLICIES ALLOW WORKERS TO BE LEFT TO THEIR OWN DEVICES.	Workforce Management; May2012, Vol. 91 Issue 5, p16, 1p	Gale, Sarah Fister	X		X	X	X	X
Policy Matters at Unisys.	CIO Insight; May2011, Issue 117, p25-25, 1/3p	k.A.						
PROFILE	THE Journal; Jun/Jul2012, Vol. 39 Issue 5, p38-38, 1p	Hobson, Jill						
Provides BYOD Convenience.	Security: Solutions for Enterprise Security Leaders; May2012, Vol. 49 Issue 5, p80-80, 1/5p	k.A.	X		X	X		
Ready for Bring Your Own Computer Day?	HR Magazine; Jun2011, Vol. 56 Issue 6, p22-22, 1/2p	Zrenms, Dave	X					
SAFE SOLUTIONS FOR ALLOWING EMPLOYEES TO USE THEIR MOBILE DEVICES AT WORK	Electrical Wholesaling; May2012, p29-29, 2/3p	k.A.						
Second BYOD for Academy.	Employee Benefits; Aug2012, p6, 1p	Patton, Rebecca	X		X			
Security managers remain skeptical of BYOD	Network World; 2/27/2012, Vol. 29 Issue 4, p12-12, 1p	Messmer, Ellen	X	X	X			X
Sell console boost business.	Billboard; 3/8/97, Vol. 109 Issue 10, p32, 2p, 1 Black and White Photograph	Verna, Paul	X	X	X	X		
Should you bring your own device to work?	Canadian Business; 5/14/2012, Vol. 85 Issue 8, p79-79, 1p	Budak, Jasmine	X	X	X	X		
Surge in workers' mobile device use pushes security up the 2012 agenda.	Computer Weekly; 2/14/2012, p7-7, 1p, 1 Color Photograph	Flinders, Karl	X	X	X	X		X
Technology Hand-Off	Government Executive; Nov2012, Vol. 44 Issue 12, p31-36, 4p, 1 Color Photograph	Marks, Joseph		X	X	X		
TELL US: YOUR THOUGHTS ON A BRING YOUR OWN DEVICE POLICY	FDCH Regulatory Intelligence Database; 10/02/2012	AGENCY GROUP 05	X			X		X
The $100 Billion Problem No One Is Talking About.	Forbes.com; 1/2/2012, p14-14, 1p	Savitz, Eric ; West, Kevin	X					
The ABCs of BYOL.	THE Journal; May2011, Vol. 38 Issue 5, p22-24, 3p, 1 Color Photograph	Schaffhauser, Dian			X	X		
The big question.	Employee Benefits; Jun2012, p16, 1p	Larry, John	X		X	X		
THE DEVICE DIVIDE.	Engineering & Technology (17509637); Oct2012, Vol. 7 Issue 9, p76-78, 3p, 1 Color	Hayes, James	X		X	X		
The Expanding School Day.	THE Journal; Apr2012, Vol. 39 Issue 3, p6-6, 2/3p	Hart, Michael	X		X	X		
The Pros And Cons Of Bring Your Own Device.	Forbes.com; 11/16/2011, p61-61, 1p	Savitz, Eric ; Viveros, Marisa		X	X	X		
The Real CoIT.	Computerworld; 8/13/2012, Vol. 46 Issue 14, p40-40, 1p	Finnie, Scor	X	X	X	X		
The realities of consumerisation.	Computer Weekly; 11/1/2011, p14-15, 2p	Torode, Christina	X	X	X	X		
THE TOP TEN tech issues.	CA Magazine; Sep2012, p20-26, 7p	Parker, Robert	X	X	X	X		X
Thought Leaders: Popularity of mobile devices brings risk.	Health Management Technology; Apr2012, Vol. 33 Issue 4, p32-32, 1p, 1 Color Photograph	Yudhin, Roman	X		X	X		
Top tools for BYOD management.	Network World; 11/5/2012, Vol. 29 Issue 19, p22-30, 5p	Henderson, Tom	X	X	X	X		
Untitled	Computer Weekly; 12/14/2010, p69-69, 1p	Ashford, Warwick	X		X	X		X
WAVE OF INFLUENCE	Network World; 1/9/2012, Vol. 29 Issue 1, p20-26, 2p	Reed, Brad	X		X	X		
Weighing up the business costs and benefits of BYOD.	Computer Weekly; 8/7/2012, p7-7, 1p, 1 Color Photograph	Saran, Cliff	X		X	X		X
When company IT is 'consumerized'	McKinsey Quarterly; 2012, Issue 3, p29-29, 1p	Ellis, Lisa ; Saret, Jeffrey ; Weed, Peter		X				
WHY THE BYOD BOOM IS CHANGING HOW WE THINK ABOUT BUSINESS IT	Engineering & Technology (17509637); Nov2012, Vol. 7 Issue 10, p28-28, 1p	Oliver, Richard						

Anhang B: Thin Client Quellen

Titel	Quelle	Autor(en)	Kosten	Aufwand	Sicherheit	Personal	Sonstiges
'Computers great-less filling.'	Online: May/Jun97, Vol. 21 Issue 3, p22, 7p, 5 Black and White Photographs	Bell, Steven J.	X	X			X
15 Minutes With	Adweek Magazines' Technology Marketing; May/2005, p N.PAG, 0p	Van Camp, Scott	X	X	X	X	
5 SECURE REASONS FOR THIN CLIENTS.	Baseline; Jan2008, Issue 80, p27-27, 1p	Strassmann, Paul A.	X		X	X	X
A File Server...in Your Living Room?	Business Week Online: 11/15/2004, p N.PAG, 0p	Helm, Burt					
A Network Computer for your business?	Business & Economic Review; Apr-Jun98, Vol. 44 Issue 3, p29, 2p	Meyer, Peter	X			X	
A NEW JOB FOR WALL SOCKETS: NETWORKING.	Business Week; 5/27/2002, Issue 3784, p25-25, 1p, 1 Color Photograph, 1 Cartoon or Caricature	Wildstrom, Stephen H.					
A plethora of powerful products: Four Pentiums, two work-alikes, and a pair of networked alternative	Computers in Libraries; Jul Aug97, Vol. 17 Issue 7, p8, 6p, 1 Chart	Flower, Eric	X				
A real-time simulation grid for collaborative virtual assembly of complex products.	International Journal of Computer Integrated Manufacturing; Jun2010, Vol. 23 Issue 6, p500-514, 15p, 6 Color Photographs, 11 Diagrams	Zhen, X.-J					
Bird flu: IT pros planning for worst. (cover story)	Network World; 3/13/2006, Vol. 23 Issue 10, p1-10, 2p	Dubie, Denise : Greene, Tim				X	
Bridgeway Partnerships Allows Technology Customization.	Corporate Legal Times; Sep2000, Vol. 10 Issue 106, p28, 2p, 2 Color Photographs	Griffith, Cary					
Browser-based agency manager is up and running.	National Underwriter / Life & Health Financial Services; 1/25/99, Vol. 103 Issue 4, p7, 2p	Trembly, Ara C.	X		X		
Build a PC from spare parts.	PC Computing; Apr98, Vol. 11 Issue 4, p102, 1/2p, 1 Color Photograph	Silverman, Dwight					
BUT WAIT, THERE'S MORE! SEVEN ADDITIONAL WAYS TO CUT IT COSTS.	Profit; May2009, Vol. 28 Issue 2, p33-33, 1/2p	Harvey, Ian	X	X	X		X
choosing thick over thin.	Wireless Week; 5/20/2002, Vol. 8 Issue 20, p24, 2.5p	Segala, Jim	X	X			X
Citrix encourages users to 'think thin'.	InfoWorld; 09/07/98, Vol. 20 Issue 36, p22, 1/3p	Fitzloff, Emily : Niccolai, James : Lawson, Stephen : Pendery, David					
Citrix forges alliances for thin strategy.	eWeek; 02/12/2001, Vol. 18 Issue 6, preceding p1, 2p	Koblentz, Evan					
Citrix neatly renews Unix apps.	InfoWorld: 04/24/2000, Vol. 22 Issue 17, p49, 2p, 1 Color Photograph, 1 Diagram	Borck, James R.	X	X		X	X
Cloud Computing.	Chain Store Age; Jul2009, Vol. 85 Issue 7, p32-32, 1p	Amato-McCoy, Deena M.				X	
Command and control.	Chain Store Age: Jan1999, Vol. 75 Issue 1, p80, 2p, 1 Color Photograph	Narmery, Matt	X	X			
Cracks in the Net.	Aviation Week & Space Technology; 6/30/2003, Vol. 158 Issue 26, p52, 2p, 1 Color Photograph	Fulghum, David A. : Barrie, Douglas					
Cross-Platform Drive Sharing.	PC World: Oct2007, Vol. 25 Issue 10, p66-66, 1/4p	Rebbapragada, Narasu					
DAS COMING OF AGE IN A WEB 2.0 WORLD.	eWeek: 9/15/2008, Vol. 25 Issue 26, p35-37, 3p, 1 Color Photograph, 1 Chart	Preimesberger, Chris	X	X	X	X	X
ERP vendors target niches.	eWeek; 3/29/2004, Vol. 21 Issue 13, p28-28, 1p, 1 Color Photograph	Ferguson, Renee Boucher					
Escape from Dial-Up Hell	Ziff Davis Smart Business: Jul2001, Vol. 14 Issue 7, p97, 1p, 1 Chart	Jerome, Marty					
Everything Old Is Thin Again.	Library Journal: Fall2001 Net Connect, Vol. 126 Issue 17, p20, 3p, 1 Chart	Latham, Joyce M.	X	X	X	X	X
For a Platform Edge, Java Is Better Choice than .Net	American Banker; 1/11/2002, Vol. 167 Issue 8, p16, 1/3p	Piper, Colin					
GET CONNECTED. (cover story)	Macworld; Jul2004, Vol. 21 Issue 7, p56-64, 9p, 3 Color Photographs, 2 Charts	Battersby, Jeffery : Fanvar, Cyrus	X	X	X	X	X
Get Set For The Wireless Revolution.	Meeting News; 3/17/2003, Vol. 27 Issue 4, p1, 3p, 1 Color Photograph	Krantz, Marshall					
Having a knack for NAC.	Network World; 11/13/2006, Vol. 23 Issue 44, p46-48, 2p	Greene, Tim					
Home improvements	Chain Store Age: Jun97 Supplement, Vol. 73 Issue 6, p18A, 1p, 1 Color Photograph	k-A.	X	X		X	
HOW DO YOU LOCK A PC?	Interactive Week; 10/22/2001, Vol. 8 Issue 41, p25, 1/2p	Spangler, Todd			X		X
How to reduce PC costs. (cover story)	eWeek; 2/16/2009, Vol. 26 Issue 4, p14-16, 2p	Burt, Jeffrey	X				
HP lays out ProCurve NAC plan.	Network World; 4/23/2007, Vol. 24 Issue 16, p7-9, 2p	Greene, Tim : Hochmuth, Phil					
i-mode gathers momentum.	Wireless Asia; Mar2005, Vol. 8 Issue 2, p28-28, 1p	Anderson, Neale					
IS MICROSOFT LOSING ITS GRIP?	Baseline; May2007, Issue 72, p26-36, 1p, 1 Color Photograph, 1 Graph	Strassmann, Paul A.	X	X	X	X	X
Latest High-Tech Trends: One Giant Leap for Nonprofits.	Nonprofit World; Jan/Feb2001, Vol. 19 Issue 1, p25-29, 5p	Feller, Gordon					

Titel	Quelle	Autor(en)	Kosten	Aufwand	Sicherheit	Personal	Sonstiges
Lawson Gains Net Insight	Accounting Technology; Jun2000, Vol. 16 Issue 5, p18, 1p, 1 Color Photograph	Scott, Robert W.					
LOTS OF PAIN, NOT MUCH GAIN. (cover story)	Network World; 7/21/2008, Vol. 25 Issue 28, p29-30, 2p	Greene, Tim					
Mainframes: Keep Them Or Dump Them?	National Underwriter / Life & Health Financial Services; 11/19/2007, Vol. 111 Issue 43, p42-42, 1p	Trembly, Ara C.					
Mantoulin is in fat city with thin client systems.	Commercial Carrier Journal; Dec99, Vol. 156 Issue 12, p24, 1p, 1 Color Photograph	k.A.	X	X		X	
Maxspeed revs thin-client notebook	eWeek; 10/20/2003, Vol. 20 Issue 42, p30, 1/8p	Burt, Jeffrey		X	X		
Microsoft TV unveils thin-client IPG	CED; Jun2002, Vol. 28 Issue 6, p12, 1p, 1 Color Photograph	k.A.			X		
NATIONAL BANK EMPHASIZES FACIAL RECOGNITION.	SDM: Security Distributing & Marketing; Dec2004, Vol. 34 Issue 12, p48-48, 1p	k.A.					
NC loses edge as alternatives emerge.	PC Week; 03/30/98, Vol. 15 Issue 13, p64, 1p, 1 Color Photograph	Moad, Jeff	X	X			
Net Results.	Macworld; Jul2004, Vol. 21 Issue 7, p9-9, 1p	Snell, Jason					
Net Savings.	Computer Graphics World; Apr2004, Vol. 27 Issue 4, p44-47, 3p	Simpson, Dave					
Net vendors strengthen security features.	InfoWorld; 04/13/98, Vol. 20 Issue 15, p54, 1/3p, 1 Color Photograph	Nelson, Matthew					
Network Associates Upgrades Sniffer Line.	Computerworld; 5/26/2003, Vol. 37 Issue 21, p8, 1/3p	Hamblen, Matt					
Network computers can cut costs.	American City & County; Nov98, Vol. 113 Issue 12, p8, 1p	Samson, Robert	X	X	X		
NETWORK COMPUTERS WANT YOUR DESKTOP.	Forbes; 9/22/1997 Futures Supplement, Vol 160, p20-22, 3p, 1 Chart	k.A.	X	X			
Network computers.	Mortgage Banking; Aug97, Vol. 57 Issue 11, p73, 2p	Dowell, Jim	X	X	X	X	
NETWORKING FOR SMALLER FIRMS.	Computer Weekly; 4/5/2005, p26-27, 2p	Twenty, Jessica					
New foundation.	Industry Week; IW: 08/18/97, Vol. 246 Issue 15, p148, 2p, 1 Color Photograph	Liebs, Scott	X	X			
New technologies: Tell us which ones you like the most.	Network World; 8/14/2006, Vol. 23 Issue 31, p26-26, 1/3p	Schultz, Beth					
News.	Convenience Store News; 4/12/2004, Vol. 40 Issue 5, p94-94, 1.4p, 1 Color Photograph	k.A.					
NOVELL UNVEILS SUSE LINUX ENTERPRISE THIN CLIENT SOLUTION. (cover story)	UNIX Update; May2007, Vol. 18 Issue 5, p1-3, 3p	k.A.	X	X	X		
Optical Wireless: low-cost broadband and optical access.	Lightwave; 06/15/2001 Special Edition, Vol. 18 Issue 7, p14, 3p, 2 Diagrams	Rockwell, David ; Mecherle, G. Stephen	X				
PC Vendors Boost Thin-Client Lineups.	Computerworld; 9/27/1999, Vol. 33 Issue 39, p76, 3/4p, 1 Color Photograph	Morgan, Cynthia	X				
PC Virtualization: We're Almost There.	Computerworld; 2/25/2008, Vol. 42 Issue 9, p42-42, 1p	Mitchell, Robert L.	X	X	X		X
PDM and the Internet.	Mechanical Engineering; Sep99, Vol. 121 Issue 9, p60, 4p, 3 Color Photographs, 1 Diagram	Mendel					
PROGRESS WEBCLIENT OFFERS RICH GUI THIN CLIENT FOR ASP.	GUI Program News; May2001, Vol. 12 Issue 5, pN.PAG, 0p	k.A.					
Put Panther on Your Server.	Macworld; Jul2004, Vol. 21 Issue 7, p68-72, 5p, 2 Diagrams, 1 Chart	Anbinder, Mark H.	X				
SECOND CHANCE AT SUCCESS	eWeek; 10/09/2000, Vol. 17 Issue 41, p20, 2/3p, 1 Chart	Koblentz, Evan	X				
Server-based momentum builds	eWeek; 11/5/2007, Vol. 24 Issue 34, p15-18, 3p, 2 Color Photographs, 1 Chart	Fergusson, Scott	X	X	X		X
Smart-Client Servers Beat Fat and Thin.	Bank Technology News; Sep2004, Vol. 17 Issue 9, p62-64, 2p	Mouline, Imad	X	X		X	
Stateless Linux strikes client balance.	eWeek; 10/4/2004, Vol. 21 Issue 40, p76-76, 1p, 1 Color Photograph	Brooks, Jason	X	X		X	
Taking a look at the THICK and THIN of it.	CED; Sep2001, Vol. 27 Issue 9, p28, 10p, 4 Color Photographs	Lafferty, Michael					
Technology News. Case Study: Thin Clients.	Electronic Education Report; 3/26/2002, Vol. 9 Issue 6, p8, 5/6p	k.A.	X	X			
The art of spending well	Computer Weekly; 5/17/2005, p32-32, 3/5p, 1 Color Photograph, 1 Map	Booth, Ben	X	X			
The NAC train is leaving the station.	Network World; 8/28/2006, Vol. 23 Issue 33, p49-49, 1/2p	Snyder, Joel					
The PC still stands tall -as stand-alone tool.	PC Week; 02/02/98, Vol. 15 Issue 5, p78, 2/5p, 1 Color Photograph	Gibson, Stan	X		X	X	
The pros and cons of NAC.	Network World; 6/12/2006, Vol. 23 Issue 23, p33-33, 1/2p	Snyder, Joel					
THE RETURN OF THE THIN CLIENT	Computer Weekly; 4/19/2005, p30-31, 2p, 1 Color Photograph	Twentyman, Jessica	X	X	X	X	
The Skinny on Thin Clients.	Credit Union Management; Aug99, Vol. 22 Issue 8, p32, 3p, 1 Color Photograph	Kennedy, Marc	X	X	X	X	X

Titel	Quelle	Autor(en)	Kosten	Aufwand	Sicherheit	Personal	Sonstiges
The Zero Administration Store.	Chain Store Age: Sep 99 Part 1 of 2, Vol. 75 Issue 9, p100, 1p	Evans, Doug					
Thin and Ultra-Thin Clients: Fat Issues for Slimming Down Information Technology.	Ohio CPA Journal; Jan-Mar2001, Vol. 60 Issue 1, p48, 7p, 2 Black and White Photographs	Bean, LuAnn ; Harrast, Steven A.	X	X	X	X	X
Thin Client and Internet Computing.	Health Management Technology; Nov2000, Vol. 21 Issue 11, p20, 2p	Kleaveland, Bruce	X	X	X	X	
Thin client architecture for networking CD-ROMs on a medium-sized public library system	Computers in Libraries; Sep97, Vol. 17 Issue 8, p73, 3p, 2 Color Photographs	k.A.	X	X	X	X	X
Thin Client Computing Saves Time and Money.	Health Management Technology; Sep1999, Vol. 20 Issue 8, p42-43, 2p, 1 Color Photograph	Aponte, Manny	X	X		X	
Thin Client Saves CU Resources.	Credit Union Executive Newsletter; 10/15/2001, Vol. 27 Issue 34, p3, 1p	Mowry, Peggy	X	X		X	
Thin Client, Thick Rewards?	Accounting Technology; Dec97, Vol. 13 Issue 11, p47, 2p, 1 Color Photograph	Scott, Robert W.	X	X		X	
Thin clients and Sun's JavaStation.	Computing Japan; Sep97, Vol. 4 Issue 9, p43, 4p, 2 Color Photographs	Jerney, John	X	X	X	X	
Thin clients battle as desktop choice.	InfoWorld; 06/16/97, Vol. 19 Issue 24, p14, 1/2p, 1 Chart	April, Carolyn A. ; Scannell, Ed	X	X			
Thin Clients Get Microsoft's Approval - for Some Users. (cover story)	Computerworld; 4/9/2007, Vol. 41 Issue 15, p1-16, 2p	Lai, Eric					
Thin clients must enter the age of multimedia.	Electronic News (10616624); 04/20/98, Vol. 44 Issue 2215, p24, 1/2p	Rainey, Lee	X				
Thin Clients.	Link-Up; Jul/Aug2001, Vol. 18 Issue 4, p25, 1p	Rudich, Joe	X	X		X	X
Thin is back.	PC Magazine; 04/04/2000, Vol. 19 Issue 7, p168, 4p, 3 Color Photographs, 1 Chart, 1 Graph	Howard, Bill	X	X	X	X	
Thin Is In... Again.	InfoWorld; 5/19/2003, Vol. 25 Issue 20, p70, 1p	Yager, Tom	X	X		X	
THIN IS IN.	Computerworld; 7/10/2000, Vol. 34 Issue 28, p62, 3p, 1 Color Photograph	Hamblen, Matt	X	X			
Thin-Client Apps Give Credit Where Credit's Due.	Computerworld; 1/17/2000, Vol. 34 Issue 3, p64, 1/3p, 1 Color Photograph	Robinson, Robin	X	X	X	X	
thin-client course.	eWeek; 12/13/2004, Vol. 21 Issue 50, p31-31, 1p, 1 Color Photograph	Burt, Jeffrey					
Thin-client redux.	InfoWorld; 10/28/2002, Vol. 24 Issue 43, p30, 1/2p	Schwartz, Ephraim					
thin-client technology.	PC Magazine; 1/15/2002, Vol. 21 Issue 1, p126, 2p, 1 Color Photograph, 1 Chart	Seltzer, Larry	X	X	X	X	
Thinfrastructure.	Computerworld; 2/4/2002, Vol. 36 Issue 6, p40, 2p, 1 Diagram	Mitchell, Robert L.	X	X		X	
Time to go thin again?	IT Today; Mar2002, p24, 2p, 1 Color Photograph	Whittle, Sally	X	X	X	X	
TOP 5 PRODUCTS 2003 Computer Systems.	Scientific Computing & Instrumentation; Dec2003, Vol. 21 Issue 1, p16-16, 1p	k.A.					
UNLEASHING POTENTIAL YOU ALREADY POSSESS.	Baseline; Oct2003, Issue 23, p12-12, 1p	Steinert-Threlkeld, Tom					
VISAGE IMAGING WINS $1.4 MILLION LAKE IMAGING DEAL.	Imaging Update; Dec2009, Vol. 20 Issue 12, p1-6, 3p	k.A.					
Web computing stinks.	PC Magazine; 12/01/99, Vol. 18 Issue 21, p83, 1p, 1 Color Photograph	Dvorak, John C.	X			X	
WebSphere beta provides firm base for IBM's thin-client strategy.	PC Week; 08/17/98, Vol. 15 Issue 33, p1, 2p, 1 Color Photograph, 1 Chart	Dyck, Timothy					
Why buy... Omniteh SmartMove?	Printing World; 4/15/2004, Vol. 286 Issue 3, p24-24, 1p	Ward, Gareth					
Windows thin clients ready to roll.	Electronic News (10616624); 04/20/98, Vol. 44 Issue 2215, p28, 1/3p	Hanson, Lee	X	X	X		
Year of the Thin Client?	Computerworld; 6/30/2008, Vol. 42 Issue 27, p14-14, 1p	Hall, Mark	X	X			
YOU MAKE THE CALL: SIP, NCS AND HOW THEY'RE DIFFERENT.	Multichannel News; 3/8/2004, Vol. 25 Issue 10, p70-70, 1p, 1 Color Photograph	Ellis, Leslie					X

Literaturverzeichnis

Ashford, Warwick (2010): Untitled. In: *Computer Weekly* 2010, S. 69.

Ashford, Warwick (2012): Keeping ahead of advancing threats requires an intelligent team effort. In: *Computer Weekly* 2012, S. 4–5.

Bean, LuAnn; Harrast, Steven A. (2001): Thin and Ultra-Thin Clients: Fat Issues for Slimming Down Information Technology. In: *Ohio CPA Journal* 2001 (1), S. 48–54.

BITKOM (Hg.) (2011): BITKOM. Online verfügbar unter http://de.statista.com/statistik/daten/studie/199584/umfrage/arbeitsplatzcomputer-in-deutschland/, zuletzt geprüft am 08.12.2012.

Brewster, Tom (2011): Thin clients aren't the future – BYOD should be. Online verfügbar unter http://www.itpro.co.uk/637018/thin-clients-aren-t-the-future-byod-should-be/2, zuletzt aktualisiert am 27.10.2011, zuletzt geprüft am 18.12.2012.

Brink, Alfred (2005): Anfertigung wissenschaftlicher Arbeiten. Ein prozessorientierter Leitfaden zur Erstellung von Bachelor-, Master- und Diplomarbeiten in acht Lerneinheiten. 2., völlig überarb. München ;, Wien: Oldenbourg.

Brydges, Bill (2012): Beyond Bring Your Own Device: Building Mobile Business Apps. In: *Forbes* 2012, S. 3.

Bundesamt für Sicherheit in der Informationstechnik (Hg.) (o.J.): BSI-Standard 100-2. IT-Grundschutz-Vorgehensweise. Online verfügbar unter https://www.bsi.bund.de/SharedDocs/Downloads/DE/BSI/Publikationen/ITGrundschutz standards/standard_1002_pdf.pdf?__blob=publicationFile, zuletzt geprüft am 07.12.2012.

Bundesamt für Sicherheit in der Informationstechnik (Hg.) (o.J.): Schutzbedarfs-klassen. Online verfügbar unter https://www.bsi.bund.de/DE/Themen/weitereThemen/WebkursITGrundschutz/Schutzbe darfsfeststellung/Schutzbedarfskategorien/schutzbedarfskategorien_node.html, zuletzt geprüft am 10.12.2012.

Bundesministerium für Wirtschaft und Technologie (Hg.) (o.J.): Engpassberufe in kleinen und mittleren Unternehmen (KMU). Besondere Herausforderung für KMU.

Online   verfügbar   unter   http://www.kompetenzzentrum-fachkraeftesicherung.de/fachkraeftebedarfe/fachkraefteengpaesse/engpassberufe-in-kleinen-und-mittleren-unternehmen/, zuletzt geprüft am 13.12.2012.

Bundesverband Informationswirtschaft, Telekommunikation und neue Medien e.V. (Hg.) (2012): Virtualisierung senkt die Kosten und erhöht die Sicherheit. Online verfügbar   unter   http://www.bitkom.org/files/documents/BITKOM-Presseinfo_Thin_Clients_03_08_2012.pdf, zuletzt geprüft am 28.10.2012.

Chaudhry, Puneesh (2012): IT Shift to Tablets - have You Prepared Yet? In: *Siliconindia* 2012 (7), S. 30–31.

Cox, John (2012): IT groups eschew BYOD: Workers to carry company-owned tablets. In: *Network World* 2012 (13), S. 1–16.

Derksen, Jens R. (2012): Private Geräte am Arbeitsplatz: Der Geist ist aus der Flasche. Online   verfügbar   unter   http://www.accenture.com/de-de/company/newsroom-germany/Pages/private-gerate-arbeitsplatz-geist-aus-flasche.aspx, zuletzt aktualisiert am 30.10.2012.

Dörrie, Ulrich; Preissler, Peter R. (2004): Grundlagen Kosten- und Leistungsrechnung. 8., unwesentlich veränd. München ;, Wien: Oldenbourg.

Dowell, Jim (1997): Network computers. In: *Mortgage Banking* 1997 (11), S. 73–74.

Drew, Jeff (2012): Managing Cybersecurity Risks. In: *Journal of Accountancy* 2012 (2), S. 44–48.

Ebsco Publishing (Hg.) (2012): Ebsco Publishing. Online verfügbar unter http://www.ebscohost.com, zuletzt geprüft am 30.11.2012.

Experton Group (Hg.) (2011): Client der Zukunft Studie offenbart Abgründe – die wesentlichen Trends im Überblick. Online verfügbar unter http://www.experton-group.de/press/releases/pressrelease/article/client-der-zukunft-studie-offenbart-abgruende-die-wesentlichen-trends-im-ueberblick.html, zuletzt geprüft am 28.10.2012.

Feldmaier, Daniel (2010): Server-based Computing auf der Überholspur. Online verfügbar   unter   http://www.it-business.de/marktforschung/articles/247652/index2.html, zuletzt aktualisiert am 28.01.2010, zuletzt geprüft am 01.11.2012.

Fergusson, Scott (2007): Server-based momentum builds. In: *eWeek* 2007 (34), S. 15–18.

Fernandez, Tommy (2012): BYOD: Easing the Trepidation. In: *Money Management Executive* 2012 (22), S. 1–10.

Fichter, Klaus; Clausen, Jens; Hintemann, Ralph (o.J.): Roadmap „Ressourceneffiziente Arbeitsplatz-Computerlösungen 2020". Hg. v. Naturschutz und Reaktorsicherheit (BMU) Bundesministerium für Umwelt, Umweltbundesamt und Telekommunikation und neue Medien e.V Budesverband Informationswirtschaft. Online verfügbar unter http://www.bitkom.org/files/documents/Roadmap_Arbeitsplatzloesungen_Web.pdf, zuletzt geprüft am 10.12.2012.

Fiering, Leslie (2010): Checklist for an Employee-Owned Notebook or PC Program. Hg. v. Gartner RAS Core Research. Online verfügbar unter http://web.citrix.com/Dilbert/Gartner_Report_BYOC_checklist.pdf, zuletzt geprüft am 18.12.2012.

Gale, Sarah Fister (2012): POLICIES ALLOW WORKERS TO BE LEFT TO THEIR OWN DEVICES. In: *Workforce Management* 2012 (5), S. 16.

Gilbert, Mark R.; Austin, Tom (2010): Hype Cycle for the High-Performance Workplace, 2010. Hg. v. Gartner.

Ginovsky, John (2012): "BYOD" quandary. In: *ABA Banking Journal* 2012 (4), S. 24–27.

Hamblen, Matt (2000): THIN IS IN. In: *Computerworld* 2000 (28), S. 62–64.

Hänig, Silvia (2012): Was Mittelständler für ihre Mitarbeiter tun. Online verfügbar unter http://www.computerwoche.de/a/was-mittelstaendler-fuer-ihre-mitarbeiter-tun,2511698,2, zuletzt aktualisiert am 16.05.2012, zuletzt geprüft am 13.12.2012.

Holtz, Shel (2012): communiqué. In: *Communication World* 2012, S. 10–12.

Howard, Bill (2000): Thin is back. In: *PC Magazine* 2000 (7), S. 168–171.

Kennedy, Marc (1999): The Skinny on Thin Clients. In: *Credit Union Managemen* 1999 (8), S. 32–34.

Knermann, Christian; Hiebel, Markus; Pflaum, Harmut; Rettweiler, Manuela; Schröder, Andreas (2008): Ökologischer Vergleich der Klimarelevanz von PC und

Thin Client Arbeitsplatzgeräten 2008. Hg. v. Frauenhofer Institut. Online verfügbar unter http://it.umsicht.fraunhofer.de/TCecology/docs/TCecology2008_de.pdf, zuletzt geprüft am 10.12.2012.

Köchling, Christoph; Knermann, Christian (2008): >>PC vs. Thin Client<<. Wirtschaftlichkeitsbetrachtung. Hg. v. Frauenhofer Institut. Online verfügbar unter http://cc-asp.fraunhofer.de/docs/PCvsTC-de.pdf, zuletzt geprüft am 06.11.2012.

Kurzlechner, Werner (2012): Die BYOD-Strategie von IBM. Online verfügbar unter http://www.cio.de/strategien/2675992/, zuletzt aktualisiert am 25.04.2012, zuletzt geprüft am 12.11.2012.

Läzer, Katrin Luise; Sonntag, Mareike; Drazek, Roxanne; Jaeschke, Richard-Ismael; Hogreve, Carolin (2010): Einführung in die systematische Literaturrecherche mit den Datenbanken „PsycINFO", „Pubmed" und „PEP – Psychoanalytic Electronic Publishing" sowie in das Literaturverwaltungsprogramm „Citavi". Ein Tutorial für Studierende der Fächer Psychologie, Pädagogik, Psychoanalyse und Medizin. Online verfügbar unter http://www.uni-kassel.de/fb01/uploads/media/Tutorial_Literaturrecherche_30.4.2010.pdf, zuletzt geprüft am 29.10.2012.

Magiera, Carsten (2009): Einsatz und Anwendung von Innovationstechniken. Betrachtung unter dem Effizienzaspekt. Hamburg: Diplomica-Verl.

Manhart, Klaus (2011): Was Desktop-Virtualisierung bringt. Online verfügbar unter http://www.cio.de/dynamicit/management_strategie/2299216/, zuletzt aktualisiert am 18.12.2011, zuletzt geprüft am 10.11.2012.

Mertens, Peter (2005): Grundzüge der Wirtschaftsinformatik. 9., überarb. Berlin ;, Heidelberg ;, New York: Springer.

Messmer, Ellen (2011): Corporate- vs. employee- owned mobile devices. In: *Network World* 2011 (20), S. 11–12.

Meyer, Peter (1998): A Network Computer for your business? In: *Business & Economic Review* 1998 (3), S. 29–30.

Mitchell, Robert L. (2002): Thinfrastructure. In: *Computerworld* 2002 (6), S. 40–41.

Moschella, David; Neal, Doug; Opperman, Piet; Taylor, John (2012): The 'Consumerization' of Information Technology. Online verfügbar unter http://iproving.com/wp-content/uploads/2012/04/Consumerization-lef.pdf, zuletzt geprüft am 26.10.2012.

Müller, Klaus-Rainer (2011): IT-Sicherheit mit System. Integratives IT-Sicherheits-, Kontinuitäts- und Risikomanagement ? Sicherheitspyramide ? Standards und Practices - SOA und Softwareentwicklung. 4., akt. und erw. Wiesbaden: Springer Fachmedien Wiesbaden.

Müller-Prothmann, Tobias; Dörr, Nora (2009): Innovationsmanagement. Strategien, Methoden und Werkzeuge für systematische Innovationsprozesse. München: Hanser.

Nannery, Matt (1999): Command and control. In: *Chain Store Age* 1999 (1), S. 80–81.

Obst, Oliver (o.J.): Strategie der Literaturrecherche. Online verfügbar unter http://www.uni-muenster.de/imperia/md/content/zbmedizin/merkblaetter/strategie-literaturrecherche.pdf, zuletzt geprüft am 25.10.2012.

Olbrich, Alfred (2003): Netze - Protokolle - Spezifikationen. Die Grundlagen für die erfolgreiche Praxis. 1. Aufl. Braunschweig ;, Wiesbaden: Vieweg. Online verfügbar unter http://www.worldcat.org/oclc/76440304.

o.V. (2012): "Bring your own device" may come at a price. In: *Fair Employment Practices Guidelines* 2012 (686), S. 2–3.

Paul, Ian (2012): Desktop-PC-Killer - Gestern, heute, morgen. Online verfügbar unter http://www.computerwoche.de/hardware/notebook-pc/2674763/index8.html, zuletzt aktualisiert am 20.06.2012, zuletzt geprüft am 02.11.2012.

Perspektive Mittelstand (Hg.) (o.J.): Ade, lieber Arbeitgebermarkt! Vom ArbeitGeber- zum ArbeitNehmer-Markt: „Machiavelli der Arbeitnehmer". Online verfügbar unter http://www.perspektive-mittelstand.de/Ade-lieber-Arbeitgebermarkt-Vom-ArbeitGeber-zum-ArbeitNehmer-Markt-Machiavelli-der/pressemitteilung/36822.html, zuletzt geprüft am 13.12.2012.

Prof. Dr. Robert F. Göx (2006): Leitfaden für die Anfertigung Wissenschaftlicher Arbeiten. Online verfügbar unter http://www.unifr.ch/controlling/lehre/dokumente/Leitfaden.pdf, zuletzt geprüft am 31.10.2012.

Rath, Michael (2011): ByoD - Private Hardware in der Firma nutzen. Online verfügbar unter http://www.tecchannel.de/netzwerk/management/2033617/byopc_private_hardware_in_der_firma_nutzen/, zuletzt aktualisiert am 03.08.2011, zuletzt geprüft am 12.11.2012.

Reppner, Markus (2012): Das Ende der Thin Clients: Tablets als bessere Alternative? Online verfügbar unter http://www.zdnet.de/magazin/41559822/das-ende-der-thin-clients-tablets-als-bessere-alternative.htm, zuletzt aktualisiert am 06.02.2012, zuletzt geprüft am 14.11.2012.

Ridley, Diana (2008): The literature review. A step-by-step guide for students. London ;, Thousand Oaks, Calif: SAGE.

Saran, Cliff (2012): Weighing up the business costs and benefits of BYOD. In: *Computer Weekly* 2012, S. 20–26.

Schmidt, Jeff (2012): Not Your Parents' Workplace Anymore - Managing the New Security Realities of BYOD. In: *Security: Solutions for Enterprise Security Leaders* 2012 (9), S. 25.

Simone, Stefano; Michel, Johannes (2011): Was bei "Bring Your Own Device" wichtig ist. Hg. v. Computerwoche. Online verfügbar unter http://www.computerwoche.de/management/it-strategie/2369063/, zuletzt aktualisiert am 28.07.2011, zuletzt geprüft am 02.11.2012.

Statistisches Bundesamt (Hg.) (2012): Kleine & mittlere Unternehmen, Mittelstand. Online verfügbar unter https://www.destatis.de/DE/ZahlenFakten/GesamtwirtschaftUmwelt/UnternehmenHandwerk/KleineMittlereUnternehmenMittelstand/Aktuell.html, zuletzt geprüft am 11.12.2012.

Strassmann, Paul A. (2008): 5 SECURE REASONS FOR THIN CLIENTS. In: *Baseline* 2008 (80), S. 27.

Streiner, David L. (2003): Meta-analysis: A 12-step program. In: *Journal of Gambling Issues* (9), S. 1–23. Online verfügbar unter http://jgi.camh.net/doi/full/10.4309/jgi.2003.9.1?prevSearch=&searchHistoryKey=, zuletzt geprüft am 30.10.2012.

Theisen, Manuel René (1990): Wissenschaftliches Arbeiten. Technik - Methodik - Form. 4., überarb. und aktualisierte Aufl. München: Vahlen.

Thurman, Mathias (2012): BYOD Planning Gets a Boost. In: *Computerworld* 2012 (1), S. 27.

Vance, Jeff (2012): 6 secrets to a successful BYOD rollout. In: *Network World* 2012 (16), S. 14.

Vile, Dale (2011): The Consumerisation of IT. A question of freedom versus control. Hg. v. Freeform Dynamics Ltd. Online verfügbar unter http://whitepapers.theregister.co.uk/paper/view/2229/the-consumerisation-of-it-reg.pdf, zuletzt geprüft am 18.12.2012.

Vogel, Robert; Koçoğlu, Tarkan; Berger, Thomas (2010): Desktopvirtualisierung. Definitionen - Architekturen - Business-Nutzen ; mit 16 Tabellen. 1. Aufl. Wiesbaden: Vieweg + Teubner.

Wendel, Thomas (2012): Guerilla Computing. In: Capital (03), S. 66–68.

Wyse (Hg.) (o.J.): Produkte & Services. Wyse X50c. Online verfügbar unter http://de.wyse.com/products/hardware/mobile/X50c/index.asp, zuletzt geprüft am 11.12.2012.

Zell, H. (2012): Projektmanagement-Techniken: Kreativität: Morphologischer Kasten / Matrix. Online verfügbar unter http://www.ibim.de/techniken/3-3.htm, zuletzt geprüft am 08.11.2012.

Zieiins, Dave (2011): Ready for 'Bring Your Own' Computer Day? In: *HR Magazine* 2011 (6), S. 22.

Zielinski, Dave (2012): Bring Your Own Device. In: *HR Magazine* 2012 (2), S. 71–74.

Zwicky, Fritz (1972): In G. W. Tumm & H. Bielowski (Eds.), Die neuen Methoden der Entscheidungsfindung. Morphologisches Denken und Vorgehen. München: Moderne Industrie.

Zwicky, Fritz (1989): Morphologische Forschung. Wesen und Wandel materieller und geistiger struktureller Zusammenhänge. 2. Aufl. Glarus: Baeschlin. Online verfügbar unter http://www.worldcat.org/oclc/246549223.

www.ingramcontent.com/pod-product-compliance
Lightning Source LLC
LaVergne TN
LVHW082348060326
832902LV00017B/2716